本书是湖南省哲学社会科学基金年度项目青年项目"技术溢出的空间逻辑与全球产业链上中国在位优势区间接力演进机理研究"（17YBQ084）的最终研究成果

感　谢

◎ 应用经济学应用特色学科资助（湘教通〔2018〕469号）

◎ 湖南文理学院优秀出版物出版资助

◎ 湖南省社会科学成果评审委员会课题"产业链空间离散、技术转移与大国区间雁阵模式构架"（XSP19YBZ122）资助

◎ 湖南文理学院科学研究基金项目重点项目"产业链离散化背景下技术溢出的空间逻辑、适配机制与武陵山片区追赶接力雁阵模式构架"（16ZD01）资助

CESUAN

FENXI

欧阳秋珍　陈昭　卢德荣　毛凌琳／著

我国金融发展水平的
测算与影响因素分析

中国财经出版传媒集团
经济科学出版社
Economic Science Press

图书在版编目（CIP）数据

我国金融发展水平的测算与影响因素分析/欧阳秋珍等著.
—北京：经济科学出版社，2019.9
ISBN 978 - 7 - 5218 - 1001 - 1

Ⅰ.①我… Ⅱ.①欧… Ⅲ.①金融业 - 经济发展 -
测算 - 研究 - 中国②金融业 - 经济发展 - 影响因素 -
研究 - 中国 Ⅳ.①F832

中国版本图书馆 CIP 数据核字（2019）第 217733 号

责任编辑：周国强
责任校对：齐　杰
责任印制：邱　天

我国金融发展水平的测算与影响因素分析
欧阳秋珍　陈　昭　卢德荣　毛凌琳　著
经济科学出版社出版、发行　新华书店经销
社址：北京市海淀区阜成路甲 28 号　邮编：100142
总编部电话：010 - 88191217　发行部电话：010 - 88191522
网址：www. esp. com. cn
电子邮件：esp@ esp. com. cn
天猫网店：经济科学出版社旗舰店
网址：http://jjkxcbs. tmall. com
北京财经印刷厂印装
710 × 1000　16 开　14.25 印张　200000 字
2019 年 9 月第 1 版　2019 年 9 月第 1 次印刷
ISBN 978 - 7 - 5218 - 1001 - 1　定价：50.00 元
（图书出现印装问题，本社负责调换。电话：010 - 88191510）
（版权所有　侵权必究　打击盗版　举报热线：010 - 88191661
QQ：2242791300　营销中心电话：010 - 88191537
电子邮箱：dbts@ esp. com. cn）

前　　言

从 2018 年 12 月中央经济工作会议强调的"资本市场牵一发而动全身"，到 2019 年 2 月中共中央政治局第十三次集体学习时提出的"深化金融供给侧结构性改革"，决策层对于金融市场的重视程度上升到新的高度。中共十九大报告提出，"深化金融体制改革，增强金融服务实体经济能力，提高直接融资比重，促进多层次资本市场健康发展。健全货币政策和宏观审慎政策双支柱调控框架，深化利率和汇率市场化改革"。中共十九大报告指出要着力加快建设实体经济、科技创新、现代金融、人力资源协同发展的产业体系，强调了金融业应与实体经济紧密联系、互相支撑，不能搞自我循环、自我发展。金融业的发展是对实体经济"需求追随"和金融业自身"供给引导"共同作用的结果。可见我国政府对金融业的发展尤其关注。

现有对于金融发展的研究大多着眼于金融对经济增长的作用机理以及功能分析上，对于部分研究经济增长影响金融发展的文献，主要关注经济增长与金融发展之间的统计分析结果上，从而忽略了金融发展的外部环境包括政府政策、工业发展和开放程度等因素共同对金融发展的影响。现今，互联网以及人工智能迅速发展，人们也越加关注科技的发展对金融发展的影响，本书将对该因素进行研究。此外，本书还希望有一个较为全面和完善的指标体系用以评价和分析不同地区之间的金融发展水平。本书在总结前人学者的研究，并在新制度金融发展理论基础上，全面考虑评价金融发展水平的维度和指标，将金融规模、金融结构、金融效率、金融深度和金融发展生态放在同一个指标体系中加以系统考察，建立一个全面的、用于评价金融发展程度的指标体系，并对该指标体系进行统计方法测算，再使用测算所得的指数实证研究影响金融发展的因素，最后还分析了金融对经济的影响。在这不断发展的经济环境中，不仅丰富了已有的金融发展理论并为定量地测算一个地区的金融发展水平提供了一个崭新的视角，还对影响金融发展的因素给出了定量的分析，为我国对金融业宏观调控提供相应建议。

本书研究思路如下：第一，从相关理论入手，揭示金融发展水平、影响因素和经济增长的内在联系，为本书研究打下理论基础；第二，对我国金融环境与金融发展水平进行了描述；第三，分析了目前国内外金融发展水平测算的主要方法以及提出了本书测算方法的选择；第四，制定金融发展水平评价指标选取的基本原则，基于五个维度选取了金融发展水平评价指标并进行了基于多指标面板数据因子分析的金融发展水平的测算与金融发展水平评价结果分析；第五，从经济发展、政府政策、工业进程、科技发展和对外开放等角度对金融发展水平的影响机制进行了分析，然后构建计量模型，对我国主要城市金融发展水平影响因素进行了实证分析；第六，对我国几种典型金融模式的发展水平及影响因素进行了分析，包括我国互联网金融的发展水平与风险因素分析、我国影子银行的发展现状与影响因素分析、金融开放进程下我国金融服务贸易的发展水平及影响因素分析、普惠金融的发展现状及挑战因素、我国金融一体化水平的现状与挑战因素分析——以粤港澳大湾区为例；第七，梳理了金融发展水平影响经济增长的实现路径，对我国主要城市金融发展水平对经济增长的影响进行了实证研究；第八，总结全书，提出提高我国金融发展水平的建议。

通过本书的研究结果发现：首先，所研究10个城市的金融发展水平不断提高，呈上升趋势。2000年以来，在某些年份会呈现波动，例如，2008年和2014年会出现一个突然的上升接着就趋于平缓，但总体呈上升的趋势。各城市之间的差距在不断地拉大，如北京、上海、深圳和杭州这些金融发展水平高的城市与其他城市的差距在不断地拉大。其次，经济、工业和政府政策对金融发展水平的提升具有显著的作用。地方经济的发展和政府政策的干预对金融发展水平具有十分明显的促进作用。而工业进程与金融发展水平之间存在着显著的非线性关系，呈现 U 形结果，而工业进程的拐点为 16.08，当城市的工业进程低于拐点时，对金融发展水平具有抑制作用；当城市的工业进程高于拐点时，对金融发展水平具有促进作用。科技投入和开放程度对金融发展水平的影响作用不显著。剔除可能存在的内生性、外生冲击事件影响以及转换模型后，研究结果依然稳健。最后，对我国主要城市金融发展水平对经济增长影响的实证研究发现，中国 10 个城市的金融发展水平显著地促进了中国经济发展。固定资产投资和就业率对经济的影响显著为正数，科技投入以及开放程度系数在显著性水平 1% 上显著影响经济增长。基于研究结论，本书还提出了要从不同角度进一步提升金融发展水平的具有实操性的建议。

目　录

| 第一章 |

导　论

第一节　研究背景与研究意义

一、研究背景

（一）金融已经成为当代经济的核心

当今世界随着科技的不断发展，产生了许多科技与金融融合的技术和产品，由此凸显了金融部门与科技发展之间联系的重要性，例如，普惠金融、互联网金融、区块链和虚拟货币等新式的金融产品。这些技术和产品的诞生使得企业与个人之间的融资变得更加便捷，非银行业的融资机构只要实现点对点的匹配就能轻松完成借款业务。可以看出科技创新拉动金融创新和金融深化，这使得科技因素越发成为影响金融发展的一个不可忽视的重要因素。加上经济的发展与金融的发展密不可分，于是许多学者对其进行研究，为其发展提供了很多建议，金融业也快速发展。而由于现实的金融市场是存在缺陷的，信息的不对称性使得个人以及企业融资的成本上升，为了减少这部分的成本以及信息的不对称性，多种金融工具和金融中介应运而生，进一步完善了金融系统。发展至今，金融系统已经发展出许多不同的功能，这取决于对减少的信息不对称和交易成本的需求，如期货期权交易、对冲基金等工具都是为投资者以及企业提供分散风险以及对冲功能。对比欧美一些发达国家，从工业革命开始，他们的金融系统一直在不断地发展完善，尤其是美国和英国，金融业发展到现在均已拥有一个非常高效的金融体系，而这正是美国等发达国家在与其他国家竞争中脱颖而出的原因之一，因此可以说金融已经成为当代经济的核心。

（二）国内外金融环境复杂

2018 年以来，全球的经济有可能继续保持回暖态势，然而贸易摩擦、地缘政治、主要经济体货币政策正常化等也给全球的经济发展带来了较大不确定性。内外因素触发了部分新兴市场经济体出现金融市场动荡、汇率贬值、债券价格下降与股指下跌的同步现象，发达经济体股指也出现了较大波动。国际环境不确定性增加，使得中国的经济金融体系所面临的外部环境也会日趋复杂。即便是如此，在世界主要经济体中，中国的经济仍然保持了较高的增长水平，金融运行总体保持稳定。

（三）中国需要深化金融体制改革

我国的金融发展极具特色，改革开放前，我国处于计划经济时代，资源和资金的配置受到政府的严格控制。改革开放后，随着我国经济的不断发展，金融的改革和发展越发成为我国经济改革中重点关注的一环。2017 年以来，中国经济保持了较为强劲的增长势头，主要受益于供给端与需求端的合力。但中国的经济运行下行压力仍存在。中国的宏观调控则更加注重加快供给侧结构性改革，出现了资金"脱虚向实"，为防范金融风险营造了良好环境。在央行"稳健中性"货币政策与逐步趋紧的监管政策下，去杠杆也取得了明显的成效，社会融资的规模也合理增长，贷款结构与资产质量在持续改善，中国的金融市场整体运行平稳。①

从 2018 年 12 月中央经济工作会议强调的"资本市场牵一发而动全身"，到 2019 年 2 月中共中央政治局第十三次集体学习时提出的"深化金融供给侧结构性改革"，决策层对于金融市场的重视程度上升到新的高度。中共十九大报告提出，"深化金融体制改革，增强金融服务实体经济能力，提高直接融资比重，促进多层次资本市场健康发展。健全货币政策和宏观审慎政策双支柱调控框架，深化利率和汇率市场化改革。"中共十九大报告指出要着力加快建设实体经济、科技创新、现代金融、人力资源协同发展的产业体系，强调了金融业应与实体经济紧密联系、互相支撑，能搞自我循环、自我发展。金融业的发展是对实体经济"需求追随"和金融业自身"供给引导"共同作用的结果。可见我国政府对金融业的发展尤其关注。

二、研究意义

现有对于金融发展的研究大多着眼于金融对经济增长的作用机理以及功能分析上，对于部分研究经济增长影响金融发展的文献，主要关注经济增长与金融发展之间的统计分析结果上，从而忽略了金融发展的外部环境包括政府政策、工业发展和开放程度等因素共同对金融发展的影响，本书将对该因素进行研究。现今，互联网以及人工智能迅速发展，人们也越加关注科技的发展对金融发展的影响。此外，本书还希望有一个较为全面和完善的指标体系用以评价和分析不同地区之间的金融发展水平。本书在总结前人学者的研究，并在新制度金融发展理论基础上，全面考虑评价金融发展水平的维度和指标，将金融规模、金融结构、金融效率、金融深度和金融发展生态放在同一个指标体系中加以系统考察，建立一

---

① 王立民，胡滨，张凡. 中国金融发展报告（2018）［M］. 北京：社会科学文献出版社，2018.

个全面的、用于评价金融发展程度的指标体系，并对该指标体系进行统计方法测算再使用测算所得的指数实证研究影响金融发展的因素，最后还分析了金融对经济的影响。在这不断发展的经济环境中，不仅丰富了已有的金融发展理论并为定量地测算一个地区的金融发展水平提供了一个崭新的视角，还对影响金融发展的因素给出了定量的分析，为我国对金融业宏观调控提供相应建议。

第二节　研究思路和研究内容

一、研究思路

本书研究思路如下：第一，从相关理论入手，揭示金融发展水平、影响因素和经济增长的内在联系，为本书打下理论基础；第二，对我国金融环境与金融发展水平进行了描述；第三，分析了目前国内外金融发展水平测算的主要方法以及提出了本书测算方法的选择；第四，制定金融发展水平评价指标选取的基本原则，基于五个维度选取了金融发展水平评价指标并进行了基于多指标面板数据因子分析的金融发展水平的测算与金融发展水平评价结果分析；第五，从经济发展、政府政策、工业进程、科技发展和对外开放等角度对金融发展水平的影响机制进行了分析，然后构建计量模型，对我国主要城市金融发展水平影响因素进行了实证分析；第六，对我国几种典型金融模式的发展水平及影响因素进行了分析，包括我国互联网金融的发展水平与风险因素分析、我国影子银行的发展现状与影响因素分析、金融开放进程下我国金融服务贸易的发展水平及影响因素分析、普惠金融的发展现状及挑战因素、我国金融一体化水平的现状与挑战因素分析——以粤港澳大湾区为例；第七，梳理了金融发展水平影响经济增长的实现路径，对我国主要城市金融发展水平的影响对经济增长进行了实证研究；第八，总结全书，提出提高我国金融发展水平的建议。

本书的核心内容是构建评价金融发展水平的指标体系，并利用多指标面板数据的因子分析测算中国 10 个城市面板数据的金融发展水平指数，用于定量地评价地区的金融发展水平，并对结果进行分析；在机理分析的基础上，实证金融发展与其影响因素之间的关系。

二、研究内容

本书的研究一共分为十章，具体研究内容如下：

第一章为导论。包括本书的研究背景与研究意义、研究的基本思路与主要内容，以及本书用到的研究方法和创新点等。

第二章是理论基础与文献综述。首先，本书需要界定金融发展、普惠金融、金融效率与金融深化等几个重要的概念；其次，梳理了金融发展思想史，并简述了内生金融发展理论、金融结构理论、金融约束理论等，为后文研究打下理论基础；最后，对测度金融发展水平的研究、金融发展水平影响因素的研究、金融发展对经济增长影响的研究进行了文献综述，为后续章节的规范分析和实证分析做好准备。

第三章是我国金融环境和金融发展水平的现状分析。首先，用归纳与演绎法从中国经济基本情况概述、各区域经济运行环境、金融发展的经济政策环境等角度分析了我国金融环境；其次，从金融运行总体情况、四大区域金融运行对比情况、国际金融市场概况、金融改革创新与对外开放情况角度分析了我国金融发展的现状；最后，对我国经济与金融展望。

第四章是金融发展水平测算的主要方法与选择。首先分析目前国内外金融发展水平测算的主要方法，包括变异系数法、主成分分析法和因子分析法等，然后结合实际情况对测算方法进行选择。

第五章是我国主要城市金融发展水平指标体系的构建与测度。提出了金融发展水平评价指标选取的基本原则；基于五个维度的金融发展水平评价指标的选取；描述了我国主要城市金融发展指标概况；利用多指标面板数据因子分析法对中国 10 个城市金融水平进行测算，并对结果进行分析。

第六章是金融发展水平主要影响因素的影响机制分析。从经济发展、政府政策、工业进程、科技发展与对外开放等角度对金融发展水平影响因素的影响机制进行分析。

第七章是我国主要城市金融发展水平影响因素的实证分析。在机理分析的基础上，从经济因素、工业进程、政府政策、科技发展、对外开放五个角度出发，通过面板回归分析影响中国 10 个城市金融发展水平影响的因素，对模型进行了稳健性检验。

第八章是几种典型金融模式的发展水平及影响因素分析。包括我国互联网金融的发展水平与风险因素分析，我国影子银行的发展现状与影响因素分析，金融开放进程下我国金融服务贸易的发展水平及影响因素分析，普惠金融的发展现状及挑战因素，我国金融一体化水平的现状与挑战因素分析——以粤港澳大湾区为例。

第九章是我国金融发展对经济增长的影响。包括金融发展水平影响经济增长的实现路径以及我国主要城市金融发展水平对经济增长影响的实证研究。

第十章是研究结论及建议。结合现状和实证结果，总结全书，提出提升金融发展水平的建议。

本书的研究框架，如图 1.1 所示。

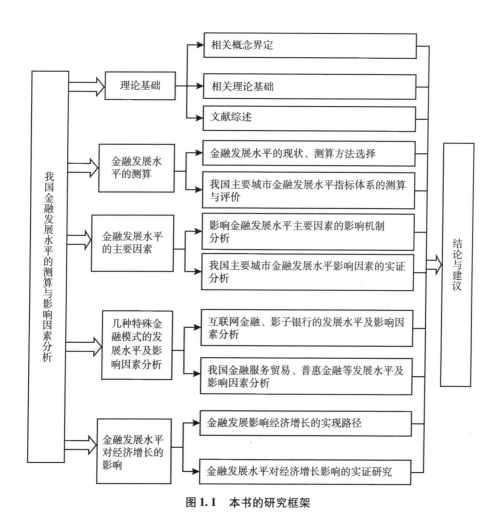

图 1.1 本书的研究框架

第三节 主要研究方法和创新点

一、研究方法

根据不同方法的适用范围以及我国金融发展的特点,本书拟使用的研究方法主要有：

（1）定性分析和定量分析相结合，能全面评价一个地区金融发展的维度和指标，并建立评价金融发展水平的指标体系。

（2）运用多指标面板数据的因子分析，通过已经建立的指标体系建立衡量地区金融发展水平的指数用于纵向和横向对比不同地区的金融发展水平。

（3）根据因子分析法所得到的指数，运用面板回归模型，研究经济因素、政府政策、工业进程、科技发展、开放程度五个影响因素对所研究地区的金融发展水平的影响，并给出相应的政策建议。

二、创新之处

本书的新意之处可以概括为以下几个方面：

（1）研究内容的创新。在文献研究中，大多数研究侧重于金融发展对经济增长的影响，但很少关注金融发展的经济影响。所考虑的影响金融发展的因素也较为零散，没有建立一个全面的理论框架。由于科技的发展带来的新式的金融蓬勃发展，传统的影响因素已经不能将所有对金融发展有影响的因素包括其中。并且在构建评价金融发展水平指标体系的时候，考虑的维度不够全面，选取的指标也不够充分，不能全面、完整地反映地区的金融发展水平。为此本书将在已有的研究基础上综合考虑评价地区金融发展程度的指标。同时建立一个相对全面的指标框架，在此基础上通过数学模型建立衡量一个地区金融发展程度的指数。

（2）实证方法上的新意。现有文献关于使用因子分析建立的指数通常都是按年进行指数的建立。本书利用多指标面板数据的因子分析，将面板数据展开成二维的数据表，因此只需进行一次因子分析就可以得到所有年份不同地区的指数，这样做能极大程度保留数据的信息程度同时使数据更加连贯可比，更真实地反映金融发展水平。本书还运用PCSE估计方法实证研究了各经济、工业、科技等要素对金融发展的作用机制与路径，并对模型进行了三种稳健性检验。

（3）研究视角创新。本书研究成果形成过程中，既运用了金融发展理论、技术经济学、产业经济学以及管理学的一般原理和方法，也运用了公共管理、行为科学等理论和方法，克服了以往单一视角研究缺陷。从"现状—水平测度—影响因素—影响机制"整体循环的过程来研究金融发展，减少孤立地研究某一个阶段可能会产生的误差。在考虑金融发展水平的影响因素时，将科技发展这个因素考虑进来，因为近年来科技的发展使金融更加便利，这样能全面地分析金融发展的影响因素。

| 第二章 |

理论基础与文献综述

第一节　几个重要概念的界定

一、金融发展

在经济学界，目前大多数学者对金融发展的定义比较认同 1969 年戈德史密斯（Goldsmith，1969）《金融结构与金融发展》著作中的定义。在该著作中，戈德史密斯指出，金融发展是指一个国家的金融结构不断转变的过程。金融市场便是金融结构，金融结构主要包括金融机构的形式、金融工具、金融机构的性质与规模等，并通过一整套能体现出金融结构特征的指标来表现一国金融发展的水平。

随后，在 1973 年，麦金农（Mckinnon，1973）的《经济发展中的货币与资本》与肖（Shaw，1973）的《经济发展中的金融深化》等著作进一步发展了戈德史密斯（Goldsmith，1969）的理论，从制度的角度定义了金融发展。他们指出金融发展的特征包括以下四方面：第一，金融资产的规模和类型增加；第二，形成以国内储蓄为主的金融资产；第三，金融机构数量也在增加；

第四，用金融利率代替直接的消费投资。此外，麦金农（Mckinnon，1973）和肖（Shaw，1973）研究发展中国家的金融发展时，还提出了金融抑制理论与金融深化理论。

中国国内的学者研究了金融发展的定义，所形成的观点主要有两方面的特征：第一，拓展戈德史密斯的理论；第二，提出了带有创新性的区域金融发展理论。

关于金融发展的具体含义，本书可从两大角度进行概括：

第一，纵向角度，即金融发展的定义不是静态的，它的内涵随时间流逝、认知的改变在不断发生变化。以格利和肖（Gurley & Shaw，1955）为代表，认为金融发展是不同发展水平的国家的金融发展过程中，金融机构和金融资产数量不断增加，其中，在发达国家，金融发展过程一般表现为金融创新，而在发展中国家，金融发展过程则表现为金融深化。格利和肖（Gurley & Shaw，1960）拓展了金融发展的含义，强调非银行金融机构数量与金融资产的增加。戈德史密斯（Goldsmith，1969）则认为，金融发展的实质应该是金融结构从一种状态演化为另一种状态，可用全部金融资产与全部国民财富之比来衡量。

第二，横向角度，即从金融涉及的范围广度区分金融发展，有广义与狭义的定义之分。广义的金融发展定义涵盖了整个金融体系的发展进步，包括所有金融组织、金融市场、金融监管与所有类型的金融工具、金融产品价格等的发展。狭义的金融发展仅仅指金融规模的扩大，金融规模也只包括金融中介数量和金融总资产。

测度金融发展需要数量化的指标，常用戈德史密斯（Goldsmith，1969）提出的指标，包括金融资产总额占全部资产总额的比值、金融资产总额占负债比重等八个指标。随着国内外研究的不断变化，目前国内外学者设计一国金融发展的指标主要包括三个方面：金融深度、金融宽度与综合测度。

二、普惠金融相关概念界定

普惠金融理念源于小额信贷，在引入中国之初它被译为"包容性金融"。目前，理论界对于"普惠金融"还未有一个相对公认、全面并且简洁的界定。这主要是由于国内外学者对普惠金融的本质或金融普惠性等基本问题探讨与论证还不充分。因此，本节尝试给出普惠金融的定义。

综观国内外研究，研究普惠金融时提及较多的关键词主要包括：效率与公平、发展、提高正规金融的覆盖面、权益共享等。不同的学者侧重点与角度不同，关于普惠金融的定义与观点也存在对立。例如，有学者认为，一国普惠金融服务对象应该仅限于弱势群体，而有的学者则认为，普惠金融的服务对象应该是具有最广泛意义的自然人和法人。在 2015 年，中国《政府工作报告》曾明确提出，普惠金融将立足机会平等要求和商业可持续原则，以可负担的成本为有金融服务需求的社会各阶层和群体提供适当、有效的金融服务。大力发展普惠金融，是我国全面建成小康社会的必然要求，有利于促进金融业可持续均衡发展，推动大众创业、万众创新，助推经济发展方式转型升级，增进社会公平和社会和谐。

目前，国内外常用的普惠金融定义是 2005 年联合国提出的，该定义强调"商业可持续性原则"以及提供金融服务时成本的"可负担性"，且金融服务需满足各阶层和各群体的需要。

在 2006 年的国际小额信贷年的推广活动中，中国首次提出普惠金融的定义。目前中国对普惠金融的解释大多来源于 2016 年发布的《推进普惠金融发展规划（2016－2020 年）》中的界定，即普惠金融是指立足机会平等要求和商业可持续原则，以可负担的成本为有金融服务需求的社会各阶层和群体提供适当、有效的金融服务。《推进普惠金融发展规划（2016－2020 年）》指出，普惠金融重点服务对象是小微企业、农民、城镇低收入人群、贫困人群和残疾人、老年人等特殊群体。

因此，本书认为，普惠金融是指可以全面的为社会各个阶层提供有效的金融服务与金融产品，尤其是对低收入群体和小微企业提供金融供给的金融服务体系。

普惠金融的核心目标是让所有的阶层可以享受最基本的金融服务，并降低金融服务成本，提高金融服务的便利性与可获得性，以解决目前传统的金融服务中的"金融排斥"的问题，最终实现资源有效配置，从而推动地区经济发展，提升全社会整体的福利，其中小微企业、农民、城镇低收入人群、贫困人群和残疾人、老年人等特殊群体是当前中国普惠金融重点服务的对象。

根据中国普惠金融的重点服务对象，可以将上面的对象划分为四大类：第一类是小微企业，由于小微企业自身的资本实力相对薄弱，缺乏信用担保，很难从正规的金融机构获得所需要的融资，但是却有很高的金融服务与融资需求，所以经常只能依靠高融资成本的民间力量获取融资，这样会抑制小微企业的发展壮大，而他们却是未来城市经济发展的重要力量，于是小微企业是普惠金融改革中需重点考虑的需求对象；第二类主体是农民，由于农村一般地处偏远，各类金融基础设施比较落后，金融网点较少，导致金融服务不充分，甚至可能无法满足最基本的存贷需求；第三类便是城市的低收入群体，虽然在城市中，金融设施和金融服务网点建设比较完善，但是金融机构更倾向于优质的高收入客户，而城市低收入群体很容易受到金融机构的"金融排斥"；第四类便是失业人员，由于失业人员通常没有工作且无不动产，以致无法向金融机构提供自己的信贷担保申请到各类贷款，更容易造成持续性失业的恶性循环。

普惠金融的核心要素特征如下：第一，可得性。普惠金融服务要使得大多数人可得到，一般来说，国际组织使用金融机构覆盖密度来衡量金融产品或网点的可获得性。第二，便利。将空间成本纳入考量，表现为提供金融服务的聚集程度与可获得性。第三，价格。普惠金融将不存在价格排斥或者价格歧视的金融产品，且金融机构所负担的成本必须能够为金融产品持续创新提供动力，遵循商业可持续性原则。第四，全面性。提供全方位的金融服务体系。

三、金融效率

通常，在经济上效率指投入与产出的关系。因此，金融效率是指金融部门的投入与产出，准确来说，金融效率应该包括"操作效率"和"配置效率"，这两者最为直接地反映金融效率。在金融操作过程中，成本与效益之间的比值被定义为操作效率；而在资源配置方面，储蓄资本通过融入市场成为商品，其是否被有效地应用，流向生产性用途，这就是配置效率。无论是金融操作还是金融配置本质上都反映了金融资源的利用情况。本书把金融效率定义为金融资源的配置效率。

金融资源的配置效率是一个综合性很强的指标，按照不同金融机构在经济中的作用，我们可以将其划分为宏观金融效率与微观金融效率。宏观金融效率的研究对象是整个经济体，它将一个国家或地区作为一个经济体，该经济体中金融资源通过金融中介和金融市场投放到实体经济的效率。微观金融效率研究的是银行、证券机构与保险等金融行业如何提高其资本利用率。微观金融效率侧重的是金融机构怎样改善其经营管理以便更好地为企业、个人提供金融服务，而宏观金融效率则是研究怎样提高一国或地区的储蓄动员能力、储蓄投资转化能力和投资投向效率。无论是宏观金融效率还是微观金融效率，它们之间的作用是相互的。

四、金融深化

最初，金融深化指的是欠发达国家政府放弃干预汇率和利率，赋予金融更多的自由，最终实现金融与经济良性循环发展的目的。随着金融深化理论的革新以及发展中国家金融的发展，金融深化理论主要经历了四个发展阶段，分别是金融深化渠道效应论、债务媒介论、金融约束论与新金融深化理论。新金融深化理论有两个重要的前提——内生增长理论与信息经济理论，而本书分析使用的金融深化理论的一个重要前提便是货币内生性，即在一个经济体系中，货币供应量不仅受中央银行的货币政策影响，是由经济体系中多种因素与多个主体共同作用决定的。

20世纪90年代后，世界银行和国际货币基金组织提出了主流的金融深化理论，秉承了初期部分观点，即放松利率管制，并将金融深化定义为一个过程，在这个过程中，公共金融机构由公有化变为私有化，国家放弃对银行的准入限制，实行促进银行竞争的财政或货币政策，降低法定存款准备金，给银行更多自由空间。该理论还倡导，政府应该不要限制外来资本进入，应该使汇率充分反映本币与外币的供求，金融深化的最终目的仍旧是实现金融深化与经济增长良性循环。

我们可从不同角度来理解金融深化的内涵。从金融政策工具角度来看，金融深化是指政府减少或者放弃对金融市场与金融体系的过度干预，放松对利率与汇率的严格管制，从而增加储蓄和投资，促进国家经济增长。从货币供给与金融业发展状况来看，金融业能有效动员与配置社会资金，从而促进经济发展，而经济的高速发展反过来也会加大金融需求、刺激金融业发展，以至于金融发展和经济发展形成了一种相互促进和相互推动的良性循环状态，这种状态便称为金融深化。

从本质上看，金融深化就是要放松对利率、汇率和国际资本的管制，从而实现一定程度金融自由化。本书并不认为金融深化仅仅是单纯的放开金融抑制或实现金融自由化，而是通过改善金融的结构、放松金融管制、发展金融市场与营造良好的经济发展环境来推动资本与资源配置的市场化、合理化，最终实现金融发展与经济发展的良性循环的一个过程。

第二节 相关理论基础

回顾金融发展理论的发展以及演变的脉络，深入研究发展理论从创立、形成、深化到当今成为最前沿的研究理论的演变动因以及发展方向，有助于从理论上寻找评价金融发展的指标体系，以及为后续进行实证时影响因素的选择提供理论依据。

一、金融发展思想的诞生

工业革命前，欧洲资本主义不断发展，学者们开始关注使用方式不断广泛的货币对经济的影响。《国富论》的作者亚当·斯密（Adam Smith）分析了金融媒介和经济发展间的作用，认为生产部门的发展能被谨慎的银行业务促进，从而促进一个国家的产业发展。工业革命期间，大型工业项目通过金融系统提供所需的融资资金，从而驱动产业提升，这是因为一个良好的金融系统能将资金从低效率的投资项目引导到高效率的投资项目中，从而提高了投资效率（Bagehot，1873）。熊彼特（Schumpeter，1912）指出金融发展的原因是经济发展和投资机会的增加导致贷款的需求增多。但是随着经济的发展会导致企业之间产生新的交易摩擦，这便刺激了金融工具和金融服务的发展，而这便是"工业引导金融"（Robinson，1952）。以上关于金融理论的讨论分散在不同经济理论的研究中。但是从这些直观而简单的讨论中，仍然可以获得有价值的灵感和参考，这便是金融发展理论创立之前学术界对金融发展的不同看法。

到了20世纪50年代和60年代，随着战后经济的恢复，金融业作为一个独立的部门在这段时期不断地发展。一大批学者，例如，格利（Gurley，1955）、肖（Shaw，1956）、帕特里克（Patrick，1966）和戈德史密斯（Goldsmith，1969）开始研究金融发展的规律以及金融发展和经济增长间的关系，并逐渐形成完善的理论框架。而为了研究金融发展和经济增长，建立了一个从简单到复杂的金融发展模型，并用此证明了经济的发展程度越高，金融对其作用也就越强（Gurley，1955；Shaw，1956），这便是金融发展理论研究的开端。尽管讨论只着眼于金融增长的层面，但所涉及的制度因素中包括金融体制的改革问题，这为后续研究提供了方向。帕特里克（Patrick，1966）则在此基础上提出两种不同的金融发展模型，一种模式是需求跟随型，另一种模式是供给领先型，前者认为当经济增长或者经济结构需要调整时，经济主体对金融服务的需求不断增大，推动金融体系不断壮大；后者则认为金融体系中金融产品、服务以及机构的供给先于需求，从而对经济主体提供外在的促进作用。并指出在经济发展的早期阶段，供给领先型的金融发展模式占主导地位，但随着经济的发展，需求跟随型将逐渐占据主导地位。戈德史密斯（Goldsmith，1969）提出金融结构理论，他认为金融的发展就是金融结构的改变，而一国的经济实体和经济集团的储蓄与投资能力的分离程度很大程度上决定其金融结构，而产业和地理环境的集中程度、财富分配的均衡、投资规模以及储蓄倾向等因素都会对金融结构产生影响。戈德史密斯（Goldsmith，1969）的贡献在于构建了一个成熟的研究框架和体系，用以找出影响国家金融结构和金融交易量的主要因素，并说明这个因素是如何相互促进从而影响一个地区的金融发展水平。格利（Gurley，1955）、肖（Shaw，1956）、帕特里克（Patrick，1966）和戈德史密斯（Goldsmith，1969）等的开创性的研究成果，标志着金融发展理论作为一门独立的学科开始出现在经济学世界中。

二、金融发展理论的形成与发展

麦金农（McKinnon，1973）和肖（Shaw，1973）在受到发展经济学和金融发展理论的影响后，开始着手研究发展中国家的金融问题。随后在1973年发表了具有重要意义的研究成果，麦金农（McKinnon，1973）和肖（Shaw，1973）分别在其《经济发展中的货币与资本》和《经济发展中的金融深化》中，从金融抑制和金融深化两个不同的角度，对发展中国家的金融问题进行研究，不仅详细地分析了发展中国家货币金融的特殊地位，同时还深入全面地阐述了发展中国家金融与经济发展的关系并提出与传统理论不同的政策建议。

肖（Shaw，1973）认为，对于金融抑制现象，发展中国家应该将完善金融市场作为金融深化的重点，不必依赖国外投资，而完全可以依赖国内的资本来促进经济的发展，倘若如此金融深化能得到积极的推进。麦金农（McKinnon，1973）则从另外一个角度入手，以此证明深化金融的必要性。他认为政府的干预以及低利率的财政政策因素使金融无法得到增长，加上市场被经济分割得不完全，这将最终导致金融业萎缩。因此，需要有一个完善的储蓄和投资机制并建立一个高效整合的金融体系。两人虽然从不同的角度进行分析，但其结果却十分的一致。其研究结果不仅克服了发展中国家不适用于传统理论的不足，而且从理论的研究以及现实应用上开启了一个全新的领域。二者的研究结论均以金融深化改革为核心实行放松利率管制，标志着金融发展理论的形成。

基于当代经济学的最新研究成果，这一时期的研究成果扩展了金融深化理论的研究框架。不仅建立宏观经济模型，同时还扩大了金融发展理论模型的分析和政策的适用范围，它将使发展中国家的实际情况得以持续应用，经济增长和金融体系日益完善。

三、内生金融发展理论

20世纪70年代后期，许多拉丁美洲国家均以放松政府对金融的控制为金融改革和经济发展政策的核心。80年代中期，在金融自由化促进的环境下，更多发展中国家开始进行金融深化改革。但采取一系列金融自由化政策的拉美以及亚洲国家均以失败告终。这迫使学者们从新的角度研究金融发展。

从理论上看，金融深化理论忽视金融体系中信息对资源有效配置的功能以及风险管理等功能，仅仅关注货币在聚集金融资源的作用。在金融深化理论框架基础上，金融体系无法创造财富，而仅作为外生变量，这将导致实体部门和金融部门被割裂开来。更重要的是，在金融深化理论中，金融水平的发展并不影响全要素生产率，仅能影响资本的形成，因此很大程度上削弱了金融发展理论的价值。

20世纪80年代，学者们开始研究经济增长的内生性，并形成以罗默（Romer）和卢卡斯（Lucas）为代表的内生经济增长理论。内生经济增长理论认为经济增长是经济体系中内生因素的结果，而决定经济增长的因素则是内生的技术变化而非外部因素。因此一些学者试图在金融发展的理论研究中加入内生经济增长理论的方法，以此来研究内生因素如何使得金融体系和金融市场得以发展，并严密而规范地解释了经济发展中金融的内生形成过程以及如何作用于经济增长的机制，从而建立起内生金融发展理论。再在理论模型建立的基础上，引入信息不对称、不完全竞争、监督成本和外部性不对称性等因素，使内生金融发展的理论假设更接近现实（Bencivenga & Smith，1991；Schreft & Smith，1998；Dutta，1998；Kapur，1998；Stiglitz，1997）。

四、金融发展理论研究的深化

内生金融发展理论虽然从理论和实证两个方面证明了金融发展和经济增长之间的因果关系，但是仍然存在缺陷，某些问题仍然无法解答。例如，不同的金融体系是否存在优劣？为什么表现出不同经济水平的国家会存在相似的金融发展水平等问题。基于此，经济学家开始从金融发展的功能性，以及金融自身发展的决定因素这两方面出发，来深化金融发展理论。

学者们开始从经济增长的因素以外考虑影响金融发展的原因，像一国的金融发展受该国的法律制度所影响，国家的法律制度越完善，越能保护投资者的利益，这样就使得投资者更乐意参与金融活动从而使得金融市场和金融业更加发达。也有学者认为其他产业的既得利益集团为了维护既得利益而采取阻挠金融发展的措施，便导致不同地区金融发展存在差异，同时还提到其中规模小而集中的利益团体能迅速采取一致的行动来影响经济活动（Rajan & Zingales，2003a，2003b）。此外，更有从社会资本（Guiso，Sapienia & Zingales，2006）、宗教（Stulz & Williamson，2003）和自然禀赋（Engerman & Sokoloff，1997，2002）等方面对不同国家以及地区对金融的差异作出不同的理论以及实证分析。而以上这些理论都可以统称为新制度金融发展理论，对一国或一个地区的金融发展的决定因素分别从多个角度提出多种解释，并进行相应的实证分析，研究结果对积极推动一个国家的金融发展具有重要的理论和实践意义。综上，金融发展理论所遵循的发展路径为金融深化理论再到内生金融发展理论到如今百花齐放的新制度金融发展理论。

五、主要代表性的金融发展理论简介

(一) 金融发展论

格利（Gurley）与肖（Shaw）是研究金融与经济增长最早的学者。在
1960 年，他们共同发表了著作《金融理论中的货币》，首先强调了资本有效
分配对经济增长的重要作用。资本有效分配的前提是了解资本的拥有者即储
蓄者如何进行投资。格利和肖（Gurley & Shaw，1960）将储蓄者分成三类：
第一是盈余者，他们的收入是大于支出的；第二是平衡者，其支出与收入相
抵；第三是亏损者，其支出大于收入。因此，不同投资者的资本边际生产率
是不同的，要使储蓄能充分发挥促进生产力的作用，就要把投资交给最高资
本边际生产率的投资人，于是金融中介便应运而生。基于此，格利和肖
（Gurley & Shaw，1960）构建了一个包括金融资产、金融机构与相关政策的
金融与经济的关系体系，用来表示金融与经济发展关系。

(二) 金融结构论

戈德史密斯（Goldsmith，1969）的著作《金融结构与金融发展》中首次
提出了金融结构。他认为金融结构包括金融机构与现存金融工具。通过分析
金融结构，戈德史密斯（Goldsmith，1969）认为，可以用金融结构的变化表
示金融发展。通过分析 35 个代表性国家的经济发展，发现经济飞速增长的时
期与金融发展速度高的时期是同步的，当然也有例外情形。

(三) 金融深化论

肖（Shaw，1973）出版了专著《经济发展中的金融深化》，麦金农
（Mckinnon，1973）出版了专著《经济发展中的货币与资本》，在这两本著作
中，两位学者深入研究了发展中国家的金融与经济。他们发现，在发展中国
家，由于政府对金融不适当的管制与干预，抑制了这些国家的金融发展，主

要表现为政府对银行存款利率作出了最高限制的强制规定、没有有效调控通货膨胀、严格管制汇率与干预外汇市场等，于是发展中国家的这些金融抑制现象便严重阻碍了其经济发展。两位经济学家建议，发展中国家应实行"金融自由化"或"金融深化"，即允许利率市场化、政府应减少干预金融业等。

（四）金融约束理论

金融约束理论是在金融抑制理论与金融深化理论基础上发展得来的。麦金农（Mckinnon，1973）和肖（Shaw，1973）针对发展中国家的金融现状，提出了金融抑制理论与金融深化理论，以此作为未来发展中国家的金融发展策略。

在麦金农（Mckinnon，1973）和肖（Shaw，1973）提出"金融深化论"之后，许多非洲、亚洲与拉丁美洲的发展中国家以"金融深化论"理论为指导进行改革，实施效果并不理想。赫尔曼、默多克和斯蒂格利茨（Hellmann，Mur-Dock & Stiglitz，1997）的研究认为，金融抑制理论与金融深化理论的前提是市场均衡。然而，现实社会中，资本市场很难出现市场均衡，资本市场信息不对称的现象是非常普遍的，就算市场均衡资源也很难有效配置，所以，政府需要适当干预金融市场。

金融深化理论强调，政府干预会抑制金融市场，而金融约束理论则指出，政府的适当干预是有利于对本国金融发展的。政府通过施行积极的政策，积极引导为民间部门尤其是银行创造各种租金机会，有利于规避道德风险与逆向选择，从而稳定金融市场，促进国家经济增长。

在中国，金融约束具有以下表现，中国人民银行通过适时调整准备金制度、货币政策、存贷款利率、监管金融风险、公开市场业务等宏观调控手段，适度引导金融市场运行，降低金融风险，推动金融创新。

金融约束理论对于不同金融发展程度的国家都可以发挥作用。例如，在金融发展程度相对较高的国家，金融约束可以实现对金融市场科学合理的管控，促进其经济发展；而在金融发展程度相对较低的国家，金融约束可以调动金融市场的积极性、提升全社会的福利水平、加速金融业发展。因此，对于金融发展水平较低的国家尤其是偏远地区，更需要积极创新，统一金融市场，打破金融壁垒。

根据金融约束理论，一国金融市场的不断发展会最终走向自由化，政府实施适度的干预可解决其金融市场的信息不对称问题，还可以激发其金融市场的活力，尽快使金融资源实现最优配置。因此，金融约束理论实际上是金融深化理论的进一步深化，两者并非对立的关系。

（五）内生增长论

在 20 世纪 80 年代的中后期，内生经济增长理论已经逐步地取代了新古典增长理论，于是国内外学者的研究重点也开始转移到对金融部门与金融制度的形成原因进行研究。格林伍德和史密斯（Greenwood & Smith，1997）指出，金融部门形成的首要因素是参与者的运营成本，金融部门形成是因为个人的人均收入高于参加到金融部门的成本；经济增长会提高人均收入水平，当人均收入超过了"门槛"值，金融部门经济净收益会由负转正。目前，发展中国家出现金融排斥，很可能是收入水平还未达到"门槛"，当收入水平比较低时，一国的政府需要负担相应的发展成本，以促进其金融发展。

第三节　关于测度金融发展水平的研究

对金融发展水平的衡量方法的研究，经历了从简单的单一指标到多指标、单一方法到综合多种方法的过程。

一、早期的测度指标

对金融发展的测度是金融发展研究的一个基本问题。国内外有大量的相关的研究。而最初则是由戈德史密斯（Goldsmith，1969）提出的金融相关比率（FIR）这一概念，并使用这一指标来衡量一国金融机构以及金融市场的发展水平。随后麦金农（Mckinnon，1973）在此研究的基础上提出使用 M2/GDP 这一指标来代表金融相关比率用以衡量一个地区的金融发展深度；康特和莱文（Kunt & Levine，2008）则发展了麦金农（Mckinnon，1973）的研究，使用流动负债/GDP 来代表金融相关比率。也有学者使用（M2 – M0）/GDP来反映一个地区的金融深度，但同时还会考虑到金融宽度的问题，使用金融机构对私营部门的信贷总额占总信贷额的比重作为衡量指标（耿颢，2009）。战明华等（2004）则不从比率指标上入手，将衡量中国金融发展程度分为金融机构以及金融市场两个维度，使用中国商业银行储蓄总额、企事业单位资产等总量指标来衡量金融机构的发展程度，使用中国居民持有证券总额以及中国证券发行总额作为中国金融市场活跃程度的指标。但上述使用的指标或指标体系过于单一而且关注的重点仅在传统银行业上，对于评价一个国家或地区的金融发展水平仍然不够全面。

二、测度指标的发展

随着金融业的不断发展，金融工具的不断创新，对于研究地区的金融发展水平将不再局限于传统的银行业，而是需要同时考虑到证券以及保险行业对金融业的贡献程度。而对于金融发展水平评价指标的维度也将不再停留在深度与广度这两位维度之间，而是更多地考虑到了金融的规模（Saci & Holden，2008）、结构（熊学萍 2016；齐红倩和李志创，2018）、效率（殷克东和孙文娟，2010）以及外在的金融生态环境（李娜，2013；张莉莉等，2018）。在使用金融相关比率（FIR）的同时还会考虑当地的 GDP 增长率和人均 GDP等 12 个指标来建立区域金融发展水平的评价指标，并使用该指标测算了我国2004 年各省份的金融发展水平，例如，殷克东和孙文娟（2010）在考虑指标体系的维度时，扩展了原有的理论，在考虑金融深度和广度两个维度同时加入了金融发展规模和金融效益共 4 个维度 33 个指标，并对中国沿海 8 个省份的金融发展水平进行了分析。萨西和霍尔登（Saci & Holden，2008），李娜（2013）则将衡量金融发展水平分为银行业和股票市场两部分，并从中选取合适的指标进行指数的构建以此来测量地区的金融发展程度，在考虑金融内部运行的同时还会考虑到外在的金融发展生态环境维度，并使用人均 GDP、城镇居民人均可支配收入等作为衡量的指标。熊学萍（2016）则扩展了研究，既考虑到了金融发展的生态环境，也从金融深度、宽度和效率共 4 个维度去考察地区的金融发展程度。但是另一些学者则认为，评价金融发展水平仅仅是对其自身内部发展状况的一个评价，不应该将金融生态环境考虑在内（董金玲，2009；夏祥谦，2014）。齐红倩和李志创（2018）采用了银行资本数据来测度金融发展与金融一体化。张莉莉等（2018）运用了熵值法与 DEA-Malmquist 指数来分别测算中国的绿色金融发展水平及其效率，并从全国、省域与区域层面进行了静态比较与动态分析。刘亦文等（2018）则以二十国集团的普惠金融为基础，从金融服务的渗透性、服务可得性、使用的效用性与可负担性这 4 个维度整理得出了一个代表性较强的中国普惠金融评价的指标体系。以上关于评价金融发展水平指标的选取以及体系的建立的研究都为本书提供了一定的研究思路和参考。

第四节　关于金融发展水平影响因素的研究

一、经济发展的影响

在研究金融影响因素方面，大量文献证实宏观经济将对金融发展产生影响。从 20 世纪 70 年代至今已有许多学者通过研究 35 个国家的金融发展历史或研究银行业及股票市场等与宏观经济规模（以 GDP 衡量）的关系，证明了金融发展和宏观经济规模（以 GDP 衡量）存在相互促进的关系（Goldsmith，1969；Levine，1993；Levine & Zervos，1998，1999；Atje & Jovanovic，1993；Harris，1997；Fama & French，2002；王志强和孙刚，2003；刘亦文等，2018）。梅拉和普雷斯科特（Mehra & Prescott，1985）、法马和弗伦奇（Fama &

French，2002）通过研究股票市场和中产阶级规模之间的关系中发现，股票市场的发展与中产阶级的规模呈现着正相关。在我国，谈儒勇（1999）通过实证研究证明，中国金融中介发展与经济增长之间存在同向发展的关系，王志强和孙刚（2003）等则在其研究基础上进一步证实了金融发展与经济增长之间相互影响的关系。除了从 GDP 角度研究还可以从居民财富角度研究经济因素对金融发展的影响，当居民财富越多，他们更有意愿对所拥有的财富进行投资，使居民参与股市的比例会增多（吴卫星和齐天翔，2007），但由于绝大多数人都是风险厌恶者，当居民的财富越多，他们对风险的分散需求则越大，从而使股票占金融资产组合的比例会不断地下降（史代敏和宋艳，2005）。学者们不仅从总体规模的角度分析经济发展对金融发展的影响，还考虑从产业结构研究经济发展与金融发展之间的关系。如发现不同的行业对融资的需求存在显著的差异，烟草、皮革和陶瓷行业对外部融资需求较少，相反制药、塑料和计算机行业对外部融资需求非常巨大（Rajan & Zingales，2003a，2003b）。中村（Nakamura，1994）、伯杰和尤德尔（Berger & Udell，1998）、沃肯雅纳特和沃尔肯（Jayaratne & Wolken，1999）等则研究发现，中小银行相比于大型银行更加倾向于向中小企业提供贷款服务。但王立国等（2015）则通过实证发现，产业结构的升级并没有对金融发展产生引致需求。赵洪丹和陈丽爽（2018）运用中国 2006～2017 年的省级面板数据实证了农村发达地区与落后地区的政府和市场、经济发展水平、经济开放等因素对农村金融发展的影响，结果表明，这些变量的影响明显存在区域差异。在农村发达的地区，人均贷款与农村资金外流将会显著受政府支出、农村市场化、农民收入、贸易水平和汇率的影响，政府支出和汇率显著影响农村金融风险；而在农村落后的地区，人均贷款主要受政府支出与汇率的影响，资金外流主要受政府支出、农村市场化、农民收入与贸易开放的影响，汇率会影响农村金融风险。

二、政府因素

在研究政府干预水平与金融发展之间的关系时，国内许多学者使用单一的政府支出占 GDP 比重或者政府干预指数进行实证研究，认为政府干预对金融发展之间存在明显的负相关关系甚至具有重大阻碍作用（卢峰和姚洋，2004；王鸾凤和黄霆珺，2006；余明桂和潘红波，2008）。江春和许立成（2007）考虑了包括法律制度、产权制度、监督制度和社会文化在内的多种因素，得出利益集团权力的增加对金融发展水平产生了显著的抑制作用。但另外一些学者则认为需要构建一个复杂的指标体系才能很好地衡量政治环境，博尔多和卢梭（Bordo & Rouseau，2006）建立相应指标体系研究 17 个国家一年间的政治环境对金融的影响发现，政治稳定更有利于金融发展。谢军和黄志忠（2004）则从货币政策的角度研究，发现货币政策对企业融资约束的缓解作用，优化了宏观货币政策的传导机制，使得金融市场能得到更好的发展。孙英杰和林春（2018）用中国的省级面板数据分析了各地区的普惠金融发展的影响因素，结果表明政府干预程度对普惠金融发展具有重要影响。

三、信用水平

在信用水平对金融发展的影响研究中，卡纳客和基弗（Knack & Keefer，1997）对 29 个市场经济国家使用"世界价值观调查"（World Values Surveys）的信用与公民价值准则作为度量指标，得出高信用水平能够对金融发展产生正向积极的促进作用。吉索（Guiso，2004）从家庭户和公司的微观数据出发，对意大利不同地区的信用程度进行分析，由此得出信用对金融发展产生积极的作用。张俊生和曾亚敏（2005）通过研究中国各地区社会资本差异与金融发展水平之间的关系，得到社会资本相对优势对地区金融发展水平之间存在积极的影响，并在稳健性分析中加入控制变量之后结果依然显著。王秀丽、鲍明明和张龙天（2014），王宇鹏和赵庆明（2015）则从信贷行为与信贷效率等角度研究其对金融发展水平的影响，结果表明信贷行为会显著影响银行的信贷效率，贷款集中度越高，银行的不良贷款率就越高，从而与地区的金融发展水平呈负向相关。

四、城市化进程

在研究城市化进程与金融发展水平之间的关系时，研究的重点主要集中在如何建立计量模型以及检验二者之间因果关系上。不同学者在通过实证分析之后有不同的观点，蒙荫莉（2003）通过研究城市化整体与金融发展水平的关系，得出二者之间是存在因果关系的。在使用 1952～2003 年中国的时间序列数据并通过带控制变量的 VAR 模型进行实证分析后，得出金融的发展会支持城市化的进程，但由于中国城市化进程相对滞后，限制了城市化成为金融发展的动力之一（张宗宜，2006）。饶华春（2009）使用格兰杰（Granger）因果检验和方差分解得出金融发展的规模和效率与城市化进程有着长期的因果关系，但在短期内城市化并未能促进金融发展。梁彭勇等（2008）则分别分析我国东部和中部的金融发展与城市化进程，得出我国东部和中部地区存在城市发展带动金融发展的单向长期因果关系。而东部地区还存在城市发展带动金融发展的短期因果关系。阿迪贡和卡马（Adigun & Kama，2013）以尼日利亚作为其研究对象，研究发现基础设施建设落后与金融知识缺失将会抑制普惠金融。

五、对外开放

安康（2016）认为金融发展水平会受对外开放程度的影响较大。程翔等（2018）研究影响中国区域金融发展水平的因素时，发现对外开放水平、基础设施水平等是重要的影响因素。赵洪丹和陈丽爽（2018）分析农村金融发展影响因素时，发现贸易开放和汇率显著影响农村金融发展。

第五节　关于金融发展对经济增长影响的研究

　　根据现有的经济增长理论，国内外经济学家主要关注的是技术、资本与劳动投入。托宾（Tobin，1955）首次在经济增长中引入了货币因素，研究货币如何影响经济增长，发现在经济增长的过程中货币是非中性。他认为，货币当局可通过调节货币的供应量影响实体经济的增长。

　　在20世纪中期后，经济学家的关注点开始从单纯的货币扩展延伸到整个金融层面，研究金融和经济的相互关系。帕特里克（Patrick，1966）指出，金融和经济是相互促进的，一方面，经济发展需要资金，融资市场的逐步扩大对金融发展提出需求；另一方面，金融发展可以改善经济主体的融资环境，资金充足对经济发展有利。戈德史密斯（Goldsmith，1969）提出了金融结构论，揭示出金融与经济关系的内在机制，即金融市场发展可以集中社会的闲置资金，将其投入有资金需求且投资效率高的领域，将最大限度地发挥资本的效用，从而促进经济增长；人们对资金需求的增加也会促进金融业发展，随着金融机构与金融工具的增加，金融活动将更加的活跃，会提升社会资金的累积速度与使用效率。麦金农（Mckinnon，1973）与肖恩（Shawn，1973）提出了"金融深化论"，认为自由的市场体制可实现金融系统帕累托最优，最优融资效率则能最大限度推动国家经济增长。

　　在20世纪末，金融发展理论开始对金融中介体与金融市场建模分析。如内生金融发展理论将金融因素作为经济增长模型的内生变量，研究金融促进经济增长的作用机制。内生经济增长模型（$Y = AK$）简单描述了金融发展可以通过提高储蓄—投资转化率、资本配置效率和私人储蓄率来影响经济增长的机制。格林和伊万诺维奇（Green & Jovanovic，1990）指出金融发展可以通过提升投资收益率，从而促进经济增长。金融功能理论则揭示了金融作用经济的微观机制，金融可以在时间与空间上配置资源，借助于"资本积累"与"科技创新"影响经济增长。莱文（Levine，1993）指出金融发展可以通过便利商品与劳务的交换、配置资源、发现投资机会、促进公司治理、增加流动性并减少跨期风险等渠道促进经济增长。至此，金融与技术、资本和劳动因素一样，成为经济增长模型中的内生变量。

随后有越来越多的国内外学者实证研究金融发展对经济增长的影响。例如，李荣霞和黄金荣（Lee Jongha & Hwang Jinyoung，2012）利用韩国1967～2010年的资料，分析韩国金融深化对其经济增长的作用，发现韩国的金融深化可以促进经济增长，并可以缓解经济危机冲击。泰希和皮埃尔（Terhi & Pierre，2015）利用经济合作与发展组织国家的数据构建面板VAR模型进行检验，研究表明，银行稳定程度有利于实体经济增长。傅程远（2013）指出，依靠金融体系进行资金配置来调整产业结构、贸易结构，可以解决中国经济增长的非均衡问题。这些研究大部分偏重于实证，主要研究的是金融结构、金融集聚、间接融资、直接融资等对经济增长的影响，由于模型、数据选取与验证方法尚需进一步完善，以致研究差异较大。

第六节　评　　述

综上所述，在现有的文献研究中，目前金融发展水平测度的相关指标相对来说比较简单，而且考虑维度较少，甚至有些指标现在已经不太符合目前的金融环境。

影响金融发展水平的因素很多，多个解释变量间可能存在某种程度的相互影响，有时这种动态影响并不能完全剔除。同时由于科技的发展带来的新式的金融蓬勃发展，传统的影响因素已经不能将所有对金融发展有影响的因素包括其中。并且在构建评价金融发展水平指标体系的时候，考虑的维度不够全面，选取的指标也不够充分，不能全面、完整地反映地区的金融发展水平。

大多数研究侧重于金融发展对经济增长的影响，但很少关注金融发展对经济发展的影响。同时所考虑的影响因素也较为零散，没有建立一个全面的理论框架。

　　为此，本书将在已有的研究基础上综合考虑评价地区金融发展程度的指标，同时建立一个相对全面的指标框架，在此基础上通过数学模型建立衡量一个地区金融发展程度的指数；并运用 PCSE 估计方法实证研究经济、工业、科技等要素对金融发展的作用机制与路径；同时还实证我国金融发展对经济增长的影响。

第三章

我国金融环境和金融发展水平的现状分析

第一节　我国金融环境分析

中国的地域辽阔，资源非常丰富。由于各城市间的产业类型、资源禀赋、经济发展水平存在较大的差异与差距，因此，中国各个城市的金融发展水平不同，我们需要分析我国金融环境和金融发展水平的现状。

一、中国经济基本情况概述

经济的发展提高了人们的收入，因而提高了人们对金融投资与理财的需求。金融发展也会为经济发展提供资金来源，金融与经济相互影响。因此，分析中国的金融环境，需要了解中国的经济情况。

（一）经济发展状况

中国各地区的经济运行情况整体向好趋优，区域经济差距在收敛，呈现出了"东部优、中西快、东北稳"的经济发展态势。2000～2017年，中国人均GDP由7858元升至1886529元，增加了239%左右。其中在2017年，中国面对错综复杂的国内外形势，各地区按照党中央、国务院的统一部署，以推进供给侧结构性改革为主线，适度地扩大了总需，各地区的经济运行表现出稳中有进、稳中向好，并且经济结构调整与转型升级进程在进一步深化。2017 年 GDP 达到 82.7 万亿元，同比增长了 6.9%，比上年加快 0.2 个百分点。这是自 2011 年以来，中国经济增长速度出现的首次回升。2000～2017 年各省份的人均 GDP 见表 3.1。

分地区来看（见表 3.2），2000～2017 年 18 年间，人均 GDP 最高的是上海，为 73422.8333 元，最低的是贵州为 14071.8889 元；变化最小的是甘肃，人均 GDP 的标准差为 9146.45 元，变化最大的是天津，人均 GDP 的标准差是 35876.64 元。

（二）投资情况分析

《中国区域金融运行报告（2018）》的数据显示，中国的投资结构逐步优化，区域间的投资更加协调。在 2017 年，中国完成的固定资产投资（不含农户）为 63.2 万亿元，较上年增长了 7.2%。民间的投资回暖向好。在 2017 年，中国的民间投资合计为 38.2 万亿元，同比增长了 6.0%，比上年上升了 2.8 个百分点。其中制造业的投资增速稳定回升。在 2017 年，中国的制造业投资为 19.4 万亿元，较上年增长了 4.8%，其中高技术制造业、技改和装备制造业的投资增长明显较快。如浙江的以"机器换人"为重点的工业技术改造投资占工业投资比重占到 75.5%；广东的高技术制造业与装备制造业投资也分别增长了 27.6% 和 19.3%，同比提高了 7.0 个和 1.4 个百分点；在战略性新兴项目助推下，重庆的汽车、电子制造业投资对工业投资贡献率近 70%。

"三大战略"区域，即"一带一路""京津冀协同发展""长江经济带建设"三大战略区域全面推进，有效释放了投资的潜力。2017 年，"一带一路"倡议涉及的 18 个省份的投资同比增长了 8.1%，增长速度超过全国平均水平 0.9 个百分点。在"京津冀协同发展"进程中，产业转移在有序推进。长江经济带的辐射带动作用也在增强。2017 年，"长江经济带建设"覆盖的 11 个省份的投资同比增长了 11.0%，增长速度高于全国平均水平 3.8 个百分点。[①]

---

① 2018 年《中国区域金融运行报告》。

表 3.1　2000～2017 年各省份人均 GDP

单位：元

地区	2000年	2001年	2002年	2003年	2004年	2005年	2006年	2007年	2008年	2009年	2010年	2011年	2012年	2013年	2014年	2015年	2016年	2017年
全国总计	7858	8622	9398	10542	12336	14185	16500	20169	23708	25608	30015	35198	38420	1469269	1573026	1645596	1759753	1886529
北京	22460	25523	28449	32061	37058	45444	50467	58204	63029	70452	73856	81658	87475	94648	99995	106497	118198	128994
天津	17993	20154	22380	26532	31550	35783	41163	46122	55473	62574	72994	85213	93173	100105	105231	107960	115053	118944
河北	7663	8362	9115	10513	12918	14782	16962	19877	23239	24581	28668	33969	36584	38909	39984	40255	43062	45387
山西	5137	5460	6146	7435	9150	12495	14123	16945	20398	21522	26283	31357	33628	34984	35070	34919	35532	42060
内蒙古	5872	6463	7241	8975	11305	16331	20053	25393	32214	40282	47347	57974	63886	67836	71046	71101	72064	63764
辽宁	11226	12041	12986	14258	16297	18983	21788	25729	31259	35239	42355	50760	56649	61996	65201	65354	50791	53527
吉林	6847	7640	8334	9338	10932	13348	15720	19383	23514	26595	31599	38460	43415	47428	50160	51086	53868	54838
黑龙江	8562	9349	10184	11615	13897	14434	16195	18478	21727	22447	27076	32819	35711	37697	39226	39462	40432	41916
上海	34547	37382	40646	46718	55307	51474	57695	66367	73124	78989	76074	82560	85373	90993	97370	103796	116562	126634
江苏	11773	12922	14391	16809	20705	24560	28814	33928	39622	44744	52840	62290	68347	75354	81874	87995	96887	107150
浙江	13461	14655	16838	20147	23942	27703	31874	37411	42214	44641	51711	59249	63374	68805	73002	77644	84916	92057
安徽	4867	5221	5817	6455	7768	8675	10055	12045	14485	16408	20888	25659	28792	32001	34425	35997	39561	43401
福建	11601	12362	13497	14979	17218	18646	21471	25908	30123	33840	40025	47377	52763	58145	63472	67966	74707	82677
江西	4851	5221	5829	6678	8189	9440	10798	12633	14781	17335	21253	26150	28800	31930	34674	36724	40400	43424
山东	9555	10465	11645	13661	16925	20096	23794	27807	33083	35894	41106	47335	51768	56885	60879	64168	68733	72807
河南	5444	5924	6436	7570	9470	11346	13313	16012	19593	20597	24446	28661	31499	34211	37072	39123	42575	46674

续表

地区	2000年	2001年	2002年	2003年	2004年	2005年	2006年	2007年	2008年	2009年	2010年	2011年	2012年	2013年	2014年	2015年	2016年	2017年
湖北	7188	7813	8319	9011	10500	11431	13296	16206	19860	22677	27906	34197	38572	42826	47145	50654	55665	60199
湖南	5639	6054	6565	7554	9117	10426	11950	14492	17521	20428	24719	29880	33480	36943	40271	42754	46382	49558
广东	12885	13730	15030	17213	19707	24435	28332	33151	37589	41166	44736	50807	54095	58833	63469	67503	74016	80932
广西	4319	4668	5099	5969	7196	8788	10296	12555	14966	16045	20219	25326	27952	30741	33090	35190	38027	38102
海南	6894	7135	7803	8316	9450	10871	12654	14555	17175	19254	23831	28898	32377	35663	38924	40818	44347	48430
重庆	5616	6219	7052	8091	9624	10982	12316	14660	18025	22920	27596	34500	38914	43223	47850	52321	58502	63442
四川	4784	5250	5766	6418	8113	9060	10546	12893	15378	17339	21182	26133	29608	32617	35128	36775	40003	44651
贵州	2662	2895	3153	3603	4215	5052	5787	6915	8824	10309	13119	16413	19710	23151	26437	29847	33246	37956
云南	4637	4866	5179	5662	6733	7835	8970	10540	12587	13539	15752	19265	22195	25322	27264	28806	31093	34221
西藏	4559	5307	6093	6871	7779	9114	10430	12109	13861	15295	17027	20077	22936	26326	29252	31999	35184	39267
陕西	4549	5024	5523	6480	7757	9899	12138	14607	18246	21688	27133	33464	38564	43117	46929	47626	51015	57266
甘肃	3838	4163	4493	5022	5970	7477	8757	10346	12110	12872	16113	19595	21978	24539	26433	26165	27643	28497
青海	5087	5735	6426	7277	8606	10045	11762	14257	17389	19454	24115	29522	33181	36875	39671	41252	43531	44047
宁夏	5376	6039	6647	7734	9199	10239	11847	14649	17892	21777	26860	33043	36394	39613	41834	43805	47194	50765
新疆	7372	7945	8457	9828	11337	13108	15000	16999	19893	19942	25034	30087	33796	37553	40648	40036	40564	44941

注：全国数据不含港澳台地区，下同。

资料来源：国家统计局，由 EPS DATA 整理。

单位：元

表 3.2　2000~2017 年人均 GDP 的统计特征

项目	北京	天津	河北	山西	内蒙古	辽宁	吉林	黑龙江
均值	68026.0000	64355.3889	25268.3333	21813.5556	38285.9444	35913.2778	28472.5000	24512.6111
标准差	33157.70795	35876.63608	13291.89465	12601.57327	26092.84774	19998.62818	17982.05594	12268.99905
方差	1.10E+09	1.29E+09	1.77E+08	1.59E+08	6.81E+08	4.00E+08	3.23E+08	1.51E+08

项目	上海	江苏	浙江	安徽	福建	江西	山东	河南
均值	73422.8333	48944.7222	46869.1111	19584.4444	38154.2778	19950.5556	37033.6667	22220.3333
标准差	27079.77593	31244.94067	25499.20246	13196.88716	23508.9635	13216.48391	21616.62671	13749.67257
方差	7.33E+08	9.76E+08	6.50E+08	1.74E+08	5.53E+08	1.75E+08	4.67E+08	1.89E+08

项目	湖北	湖南	广东	广西	海南	重庆	四川	贵州
均值	26859.1667	22985.1667	40979.3889	18808.2222	22633.0556	26769.6111	20091.3333	14071.8889
标准差	18226.81379	15289.94677	21999.21794	12405.62934	14285.89052	19591.7786	13446.83258	11592.23803
方差	3.32E+08	2.34E+08	4.84E+08	1.54E+08	2.04E+08	3.84E+08	1.81E+08	1.34E+08

项目	云南	西藏	陕西	甘肃	青海	宁夏	新疆	
均值	15803.6667	17415.8889	25056.9444	14778.3889	22124	23939.2778	23474.4444	
标准差	10036.73996	11035.37446	18301.47986	9146.45218	14479.93872	16038.30619	13237.68031	
方差	1.01E+08	1.22E+08	3.35E+08	8.37E+07	2.10E+08	2.57E+08	1.75E+08	

资料来源：根据国家统计局的数据计算。

（三）工业进程因素

关于工业进程因素，本书采用第二产业增加值来衡量工业的发展水平。2000～2017年，第二产业增加值占GDP的比重为45%左右，2006年最高，为47.4%；2016年最低，为39.8%（见图3.1）。

图3.1　2000～2017年第二产业增加值占GDP比重

资料来源：国家统计局，由EPS DATA整理。

根据图3.2可知，2000～2017年，第二产业增加值占GDP的比重平均值最高的是山西，为53.23%左右；比重最低的是海南，为25.02%。

分地区看，2000～2017年18年间，变化最小的是西藏，第二产业增加值的标准差为151.4051亿元；变化最大的是江苏，第二产业增加值的标准差是11244.2200亿元。各省份18年间第二产业增加值的均值、最大值、最小值与标准差见表3.3。

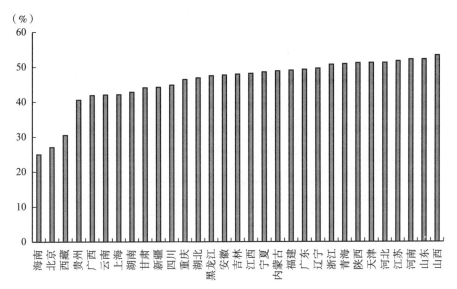

图 3.2 2000～2017 年各省份第二产业增加值占 GDP 比重的平均值

资料来源：国家统计局，由 EPS DATA 整理。

表 3.3 　　　　　　　　2000～2017 年各省份第二产业增加值的统计特征　　　　　　　单位：亿元

项目	北京	天津	河北	山西	内蒙古	辽宁	吉林	黑龙江
均值	2955.5540	4226.8400	9227.5230	3973.2210	4790.1380	7688.2650	3856.0480	4026.5370
最大值	5326.7600	7731.8500	15846.2100	6792.6800	9119.7900	14384.6400	7286.5900	6330.5300
最小值	943.5100	820.1700	2559.9600	827.5900	556.2800	2344.4000	800.2800	1868.5500
标准差	1454.9370	2703.0640	4955.5150	2216.6160	3406.6390	4380.7130	2565.4810	1421.3530

项目	上海	江苏	浙江	安徽	福建	江西	山东	河南
均值	5906.9310	18993.6900	12214.1200	5925.2450	7069.7800	4495.6470	18073.5800	10963.8100
最大值	9330.6700	38654.8700	22232.0800	12838.2800	15354.2900	9627.9800	32942.8400	21105.5200
最小值	2163.6800	4435.8890	3183.4700	1296.3120	1711.1600	700.7600	4244.4000	2413.7800
标准差	2358.5380	11244.2200	6573.6890	4202.5880	4660.1640	3162.3410	9944.3150	6551.1250

项目	湖北	湖南	广东	广西	海南	重庆	四川	贵州
均值	7277.8910	6698.5720	19701.0000	3944.3500	501.9983	3736.8170	7499.0390	2024.2120
最大值	15441.7500	14145.4900	38008.0600	8273.6600	996.3500	8584.6100	14328.1300	5428.1390
最小值	2123.7000	1461.8600	4868.7500	748.0000	102.4500	657.5100	1700.4900	387.8500

续表

项目	湖北	湖南	广东	广西	海南	重庆	四川	贵州
标准差	4880.6290	4723.9980	11122.3600	2794.9770	325.2113	2796.4080	4992.8920	1606.4710

项目	云南	西藏	陕西	甘肃	青海	宁夏	新疆
均值	3012.9810	180.9301	4930.9670	1625.5200	655.5698	736.7594	2254.0570
最大值	6204.9700	513.6500	10882.8800	2926.4500	1249.9800	1580.5700	4330.8900
最小值	843.2400	27.2140	731.9000	439.8800	114.0000	120.0400	586.8400
标准差	1883.9100	151.4051	3627.1160	907.6789	448.0727	527.0331	1321.5050

资料来源：根据国家统计局的数据计算。

（四）科技发展因素

科技的发展主要体现在对研发（R&D）的投入程度，其中包括政府对研发的投入以及企业对研发的投入，因此本书参考借鉴俞立平（2013）的做法，选用研发经费支出占财政支出的比重来衡量不同地区的科技发展。

根据表3.4可知，2000～2017年，科学研究与开发机构研发人员的全时当量由22.7万人年升至40.6万人年。研发经费由258.0亿元升至2435.7亿元。

表3.4　　　2000～2017年中国科学研究与开发机构研发人员和经费支出

年份	研发人员全时当量（万人年）	研发经费支出（亿元）
2000	22.7	258.0
2001	20.5	288.5
2002	20.6	351.3
2003	20.4	399.0
2004	20.3	431.7
2005	21.5	513.1
2006	23.1	567.3
2007	25.5	687.9

续表

年份	研发人员全时当量（万人年）	研发经费支出（亿元）
2008	26.0	811.3
2009	27.7	996.0
2010	29.3	1186.4
2011	31.6	1306.7
2012	34.4	1549.0
2013	36.4	1781.4
2014	37.4	1926.2
2015	38.4	2136.5
2016	39.0	2260.2
2017	40.6	2435.7

资料来源：国家统计局，由 EPS DATA 整理。

2000~2017 年 18 年间，研发人员的标准差为 7.3774 万人年，研发经费支出的标准差是 742.052 亿元。根据 JB 统计量，这两个统计量都服从正态分布，见表 3.5。

表 3.5　　　　　2000~2017 年研发人员与经费的统计特征

项目	研发人员全时当量（万人年）	研发经费支出（亿元）
均值	28.629480	1104.786000
中位数	26.850000	903.650000
最大值	40.571100	2435.698000
最小值	20.334700	257.975500
标准差	7.377358	742.052800
偏度	0.320853	0.483148
峰度	1.562913	1.794457

续表

项目	研发人员全时当量（万人年）	研发经费支出（亿元）
JB 统计量	1.857754	1.790296
JB 统计量的伴随概率	0.394997	0.408547
总和	515.330600	19886.150000
离差的平方和	925.231900	9360921.000000
观测值个数	18 个	18 个

资料来源：根据国家统计局的数据计算。

（五）对外开放因素

2000～2017 年，货物进出口总额由 4742.9 亿美元升至 41071.6 亿美元，2014 年最高，为 43015.3 亿美元；2000 年最低，为 4742.9 亿美元。进出口差额由 241.1 亿美元升至 4195.7839 亿美元，2015 年最高，为 5939.0373 亿美元；2001 年最低，为 225.5 亿美元。外商直接投资（FDI）由 2000 年的 407.15 亿美元升至 2017 年的 1310.35 亿美元，基本上稳步上升（见表 3.6）。

表 3.6   **2000～2017 年对外开放指标**   单位：亿美元

年份	货物进出口总额	出口总额	进口总额	进出口差额	外商直接投资
2000	4742.9	2492.0	2250.9	241.1	407.2
2001	5096.5	2661.0	2435.5	225.5	468.8
2002	6207.7	3256.0	2951.7	304.3	527.4
2003	8509.9	4382.3	4127.6	254.7	535.1
2004	11545.5	5933.3	5612.3	320.9	606.3
2005	14219.1	7619.5	6599.5	1020.0	603.3
2006	17604.4	9689.8	7914.6	1775.2	630.2
2007	21765.7	12204.6	9561.2	2643.4	747.7

续表

年份	货物进出口 美元总额	出口总额	进口总额	进出口差额	外商直接投资
2008	25632.6	14306.9	11325.7	2981.2	924.0
2009	22075.4	12016.1	10059.2	1956.9	900.3
2010	29740.0	15777.5	13962.4	1815.1	1057.4
2011	36418.6	18983.8	17434.8	1549.0	1160.1
2012	38671.2	20487.1	18184.0	2303.1	1117.2
2013	41589.9	22090.0	19499.9	2590.1	1175.9
2014	43015.3	23422.9	19592.3	3830.6	1195.6
2015	39530.3	22734.7	16795.6	5939.0	1262.7
2016	36855.6	20976.3	15879.3	5097.0	1260.0
2017	41071.6	22633.7	18437.9	4195.8	1310.4

资料来源：国家统计局，由 EPS DATA 整理。

外需的贡献率由负转正，尤其是西部地区的外贸增速明显。在 2017 年，由于全球经济复苏、大宗商品的价格整体上涨以及"一带一路"稳步推进等因素的影响，中国的对外贸易已经扭转了连续两年下降的局面，2017 年的货物进出口总额同比增长 14.2%，其中货物和服务净出口对全国经济增长贡献率由 2016 年的 -6.8% 变为 9.1%。

进出口总额分地区看，2000~2017 年 18 年间，变化最小的是青海，进出口总额的标准差 53375.82 万美元；变化最大的是广东，进出口总额的标准差是 33061407 万美元。从 JB 统计量看，进出口总额数据服从正态分布。各省份 18 年间进出口总额的均值、最大值、最小值与标准差等见表 3.7。

表 3.7 2000~2017 年各省省份进出口总额的统计特征

省份	均值 (万美元)	中位数 (万美元)	最大值 (万美元)	最小值 (万美元)	标准差 (万美元)	偏度	峰度	JB 统计量	JB 统计量的伴随概率	总和 (万美元)	离差的平方和 (万美元)
北京	23050673	24321298	42899581	4962189	13625400	0.01	1.59	1.49	0.48	4.15E+08	3.16E+15
天津	7535058	7592528	13388608	1715400	3895905	-0.11	1.72	1.27	0.53	1.36E+08	2.58E+14
河北	3207389	3402389	5987736	523862	1965998	-0.10	1.43	1.89	0.39	57773006	6.57E+13
山西	1022817	1207785	1717225	176438	573828	-0.30	1.47	2.03	0.36	18410700	5.60E+12
内蒙古	803587	823281	1455632	203470	428948	-0.02	1.58	1.52	0.47	14464568	3.13E+12
辽宁	6650059	6768411	11447819	1903148	3390392	-0.08	1.57	1.55	0.46	1.20E+08	1.95E+14
吉林	1354344	1253727	2638079	257042	810696	0.19	1.67	1.43	0.49	24378196	1.12E+13
黑龙江	1876042	1691789	3890093	298637	1277596	0.45	1.94	1.44	0.49	33768752	2.77E+13
上海	29260819	30245459	47612281	5470802	15405870	-0.30	1.59	1.77	0.41	5.27E+08	4.03E+15
江苏	35321110	37087186	59111941	4563636	19781932	-0.35	1.62	1.80	0.41	6.36E+08	6.65E+15
浙江	20549132	19943230	37789594	2783262	12586029	-0.09	1.48	1.75	0.42	3.70E+08	2.69E+15
安徽	2405125	1805807	5363607	334684	1814731	0.36	1.55	1.95	0.38	43292242	5.60E+13
福建	9793136	8223533	17740784	2122046	5834018	0.11	1.42	1.90	0.39	1.76E+08	5.79E+14
江西	1943822	1319836	4447045	153094	1688443	0.32	1.41	2.20	0.33	34998792	4.85E+13
山东	15206255	14873044	27692940	2498976	9327745	-0.05	1.43	1.87	0.39	2.74E+08	1.48E+15
河南	2947714	1547788	7761305	228290	2835612	0.64	1.70	2.49	0.29	53058859	1.37E+14
湖北	2213463	1897834	4630863	322286	1577161	0.23	1.54	1.76	0.41	39842330	4.23E+13

续表

省份	均值（万美元）	中位数（万美元）	最大值（万美元）	最小值（万美元）	标准差（万美元）	偏度	峰度	JB统计量	JB统计量的伴随概率	总和（万美元）	离差的平方和（万美元）
湖南	1478900	1134833	3604434	251222	1100673	0.50	1.88	1.70	0.43	26620209	2.06E+13
广东	66269878	65957738	1.09E+08	17009888	33061407	-0.18	1.57	1.62	0.44	1.19E+09	1.86E+16
广西	2012267	1374545	5721023	179699	1861615	0.74	2.15	2.18	0.34	36220808	5.89E+13
海南	728610	470508	1586266	128786	537320	0.38	1.48	2.18	0.34	13114977	4.91E+12
重庆	2828253	861696	9543158	178590	3205722	0.81	2.06	2.61	0.27	50908560	1.75E+14
四川	3028627	2314115	7020297	254520	2509133	0.36	1.54	1.99	0.37	54515293	1.07E+14
贵州	418147	272551	1222142	64645	365579	0.89	2.58	2.53	0.28	7526648	2.27E+12
云南	1239607	919524	2960742	181276	941551	0.42	1.71	1.76	0.41	22312933	1.51E+13
西藏	92020	58396	342414.3	9291	104286	1.53	4.11	7.98	0.02	1656359	1.85E+11
陕西	1311325	836711	4014242	206200	1175500	0.95	2.69	2.80	0.25	23603851	2.35E+13
甘肃	505605	529127	1023611	56953	321533	-0.02	1.63	1.42	0.49	9100884	1.76E+12
青海	80770	65352	193447	15973	53376	0.75	2.48	1.90	0.39	1453852	4.84E+10
宁夏	206615	173046	543521	44291	152174	0.92	2.85	2.55	0.28	3719068	3.94E+11
新疆	1457654	1553897	2767232	177148	896261	-0.06	1.63	1.42	0.49	26237779	1.37E+13

资料来源：根据国家统计局历年《中国统计年鉴》的数据计算。

（六）就业情况

我们通过失业率来观察就业情况。2000～2017年，城镇登记失业率由3.1%变为3.9%，2003年和2009年最高，为4.3%；2000年最低，为3.1%（见图3.3）。失业率基本上维持在4%左右。

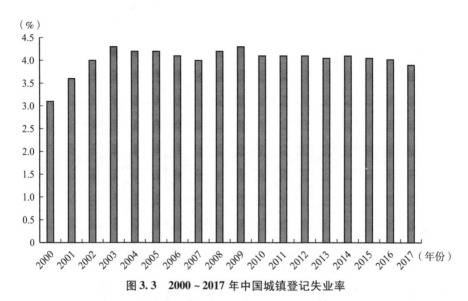

图 3.3 2000～2017 年中国城镇登记失业率

资料来源：国家统计局，由 EPS DATA 整理。

2000～2017年，各省份城镇登记失业率平均值最高的是辽宁，为4.33%左右；比重最低的是北京，为1.45%（见图3.4）。

分地区看，2000～2017年这18年间，变化最小的是北京，城镇登记失业率的标准差为0.07%；变化最大的是辽宁，城镇登记失业率的标准差是1.18%。各省份18年间城镇登记失业率的均值、最大值、最小值与标准差见表3.8。

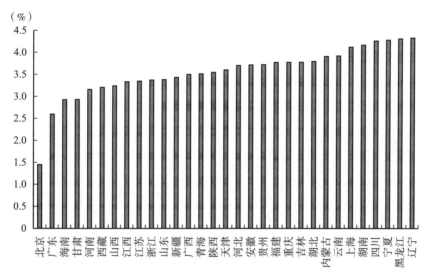

图 3.4　2000～2017 年各省份城镇登记失业率的平均值

资料来源：国家统计局，由 EPS DATA 整理。

表 3.8　　　　　　　　　2000～2017 年各省份城镇登记失业率的统计特征

省份	均值（%）	中位数（%）	最大值（%）	最小值（%）	标准差（%）	偏度	峰度	JB 统计量	JB 统计量的伴随概率	总和（%）	离差的平方和（%）
北京	1.36	1.40	1.44	1.20	0.07	-0.93	2.77	1.60	0.45	14.97	0.06
天津	3.61	3.60	3.90	3.50	0.13	1.26	3.48	3.01	0.22	39.70	0.17
河北	3.74	3.70	4.00	3.60	0.14	0.63	1.99	1.19	0.55	41.19	0.20
山西	3.43	3.43	3.86	3.10	0.22	0.14	2.95	0.03	0.98	37.72	0.47
内蒙古	3.85	3.70	4.60	3.60	0.30	1.62	4.80	6.28	0.04	42.30	0.88
辽宁	4.15	3.70	6.50	3.40	1.18	1.57	3.60	4.70	0.10	45.60	13.83
吉林	3.68	3.70	4.20	3.40	0.24	0.90	3.14	1.48	0.48	40.52	0.55
黑龙江	4.37	4.30	4.90	4.10	0.22	1.17	3.98	2.94	0.23	48.07	0.49
上海	4.06	4.08	4.80	3.10	0.46	-0.57	3.09	0.61	0.74	44.70	2.16
江苏	3.25	3.10	4.20	2.98	0.39	1.64	4.29	5.69	0.06	35.70	1.56
浙江	3.22	3.00	4.20	2.73	0.48	1.32	3.25	3.21	0.20	35.39	2.34
安徽	3.55	3.70	4.20	2.88	0.41	-0.04	1.87	0.59	0.75	39.04	1.71
福建	3.79	3.80	4.20	3.50	0.20	0.48	2.56	0.52	0.77	41.69	0.42

续表

省份	均值（%）	中位数（%）	最大值（%）	最小值（%）	标准差（%）	偏度	峰度	JB统计量	JB统计量的伴随概率	总和（%）	离差的平方和（%）
江西	3.30	3.34	3.60	3.00	0.18	−0.41	2.72	0.35	0.84	36.28	0.32
山东	3.38	3.40	3.60	3.20	0.10	0.35	3.62	0.40	0.82	37.21	0.10
河南	3.14	3.10	3.50	2.76	0.25	0.16	1.68	0.84	0.66	34.52	0.61
湖北	3.55	3.80	4.30	2.41	0.74	−0.46	1.56	1.34	0.51	39.05	5.46
湖南	4.16	4.19	4.40	4.00	0.11	0.59	3.46	0.75	0.69	45.74	0.12
广东	2.55	2.50	3.10	2.40	0.20	2.03	6.17	12.15	0.00	28.09	0.40
广西	3.34	3.40	4.10	2.21	0.52	−0.73	3.20	0.99	0.61	36.70	2.67
海南	2.56	2.33	3.48	1.70	0.59	0.36	1.86	0.84	0.66	28.16	3.45
重庆	3.67	3.58	4.10	3.30	0.30	0.34	1.61	1.09	0.58	40.36	0.88
四川	4.19	4.15	4.50	4.00	0.16	0.67	2.37	1.00	0.61	46.12	0.25
贵州	3.53	3.30	4.10	3.23	0.34	0.77	2.07	1.49	0.48	38.87	1.13
云南	3.97	4.00	4.30	3.20	0.32	−1.40	4.26	4.31	0.12	43.62	1.00
西藏	3.20	2.68	4.90	2.48	0.84	0.78	2.29	1.36	0.51	35.24	7.04
陕西	3.48	3.30	3.94	3.20	0.28	0.74	1.85	1.63	0.44	38.28	0.77
甘肃	2.76	2.71	3.40	2.14	0.49	−0.11	1.37	1.25	0.54	30.40	2.38
青海	3.47	3.40	3.90	3.05	0.32	0.09	1.37	1.23	0.54	38.14	1.02
宁夏	4.20	4.20	4.50	3.87	0.23	−0.13	1.44	1.15	0.56	46.21	0.52
新疆	3.21	3.20	3.84	2.48	0.43	−0.40	2.22	0.57	0.75	35.36	1.85

资料来源：根据国家统计局的数据计算。

（七）产业结构

本书采用三大产业占地区生产总值比重来作为衡量产业结构的指标。

2017年，中国第一产业、第二产业和第三产业对经济增长的贡献率分别是4.9%、36.3%和58.8%，其中第三产业拉动了GDP增长4.0个百分点，比第二产业高1.5个百分点。

2000~2017年，第一产业占GDP的比重从14.7%降至7.92%，第二产业占GDP的比重45.4%降至40.5%，而第三产业所占的比重39.8%升至61.6%（见图3.5）。

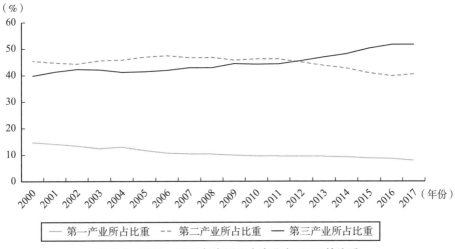

图 3.5　2000～2017 年中国三大产业占 GDP 的比重

注：国内生产总值 = 100。

资料来源：国家统计局，由 EPS DATA 整理。

2000～2017 年，第二产业占 GDP 的比重平均值最高的是北京，为 71.46% 左右；比重最低的是河南，为 32.57%（见图 3.6）。

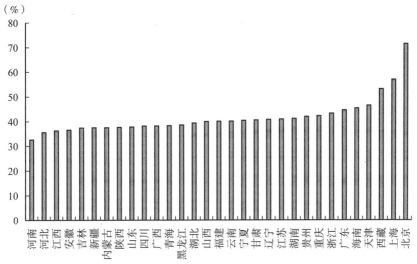

图 3.6　2000～2017 年各省份第三产业增加值占 GDP 比重的平均值

资料来源：国家统计局，由 EPS DATA 整理。

分地区看，2000～2017年18年间，变化最小的是福建，第三产业占GDP比重的标准差为1.73亿元；变化最大的是黑龙江，第三产业占GDP比重的标准差是8.01亿元。各省份18年间第三产业占GDP比重的均值、最大值、最小值与标准差见表3.9。

表3.9 2000～2017年各省份第三产业占GDP比重的统计特征

省份	均值（亿元）	中位数（亿元）	最大值（亿元）	最小值（亿元）	标准差（亿元）	偏度	峰度	JB统计量	JB统计量的伴随概率	总和（亿元）	离差的平方和（亿元）
北京	71.46	74.15	80.56	58.31	7.64	-0.56	1.83	1.97	0.37	1286.28	991.13
天津	46.50	46.10	58.15	37.90	5.25	0.64	3.15	1.23	0.54	836.97	468.02
河北	35.56	34.60	44.21	31.51	3.26	1.46	4.24	7.56	0.02	640.15	181.17
山西	39.95	38.03	55.45	32.18	6.79	1.28	3.36	4.99	0.08	719.18	783.98
内蒙古	37.57	36.35	49.99	32.21	4.12	1.64	5.80	13.99	0.00	676.22	287.99
辽宁	40.78	39.30	52.57	34.50	4.85	1.35	4.06	6.33	0.04	734.03	400.03
吉林	37.45	36.55	45.84	34.16	3.00	1.35	4.55	7.29	0.03	674.14	153.50
黑龙江	38.62	35.45	55.82	29.42	8.01	1.02	2.80	3.12	0.21	695.19	1090.00
上海	56.94	55.50	69.78	47.86	7.36	0.49	1.88	1.66	0.44	1024.85	921.17
江苏	40.93	38.85	50.27	34.87	5.25	0.61	1.94	1.96	0.37	736.76	468.33
浙江	43.27	42.05	53.32	36.26	4.75	0.66	2.44	1.52	0.47	778.80	383.10
安徽	36.60	35.97	42.92	32.50	3.23	0.41	1.96	1.32	0.52	658.86	177.00
福建	40.11	39.65	45.41	38.41	1.73	1.88	6.11	17.89	0.00	722.05	50.61
江西	36.32	34.95	42.70	30.90	3.59	0.39	1.91	1.34	0.51	653.72	218.82
山东	37.82	36.40	47.99	32.00	5.14	0.72	2.24	2.01	0.37	680.67	449.60
河南	32.57	30.67	43.34	28.60	4.66	1.38	3.36	5.77	0.06	586.27	368.57
湖北	39.37	38.85	46.53	34.85	3.19	0.57	2.52	1.14	0.57	708.73	173.48
湖南	41.19	40.40	49.43	37.80	2.91	1.56	4.93	10.09	0.01	741.37	143.96
广东	44.61	44.15	53.60	36.81	4.71	0.26	2.26	0.63	0.73	802.96	377.91
广西	38.23	38.15	44.24	34.10	2.37	0.53	3.60	1.12	0.57	688.11	95.32
海南	45.38	44.00	56.10	39.66	5.37	0.72	2.20	2.05	0.36	816.87	490.66
重庆	42.27	41.66	49.24	36.20	3.86	0.26	2.22	0.67	0.72	760.91	253.61
四川	38.20	37.74	49.73	33.40	4.44	1.45	4.27	7.54	0.02	687.57	334.80

续表

省份	均值 (亿元)	中位数 (亿元)	最大值 (亿元)	最小值 (亿元)	标准差 (亿元)	偏度	峰度	JB 统计量	JB 统计量的 伴随概率	总和 (亿元)	离差的平方 和（亿元）
贵州	41.98	43.20	48.80	33.69	5.18	-0.30	1.68	1.58	0.45	755.66	456.65
云南	40.14	39.75	47.83	34.56	3.86	0.42	2.38	0.82	0.66	722.49	253.10
西藏	53.14	53.65	55.60	45.91	2.37	-1.67	5.87	14.54	0.00	956.60	95.71
陕西	37.67	37.48	42.35	32.90	2.79	0.13	1.99	0.83	0.66	678.09	132.48
甘肃	40.56	39.30	54.13	33.31	5.73	1.14	3.39	4.01	0.13	730.13	558.93
青海	38.34	38.17	46.63	32.30	4.07	0.15	2.14	0.62	0.73	690.04	281.23
宁夏	40.42	41.30	46.82	33.84	3.49	-0.04	2.28	0.39	0.82	727.55	207.60
新疆	37.53	35.94	45.94	32.50	4.07	1.00	2.80	3.03	0.22	675.60	281.92

资料来源：根据国家统计局的数据计算。

二、各区域经济运行环境

中国各地区包括东部地区、中部地区、西部地区和东北地区。东部地区10个省份，包括北京、天津、河北、上海、江苏、浙江、福建、山东、广东和海南；中部地区6个省份，包括山西、安徽、江西、河南、湖北和湖南；西部地区12个省份，包括内蒙古、广西、重庆、四川、贵州、云南、西藏、陕西、甘肃、青海、宁夏和新疆；东北地区3个省份，包括辽宁、吉林和黑龙江。接下来，本书分区域来分析其经济运行情况，以便为下文实证分析做好准备。

（一）东部地区经济运行

在2017年，东部地区GDP达到了45.0万亿元，同比增长了7.2%，东部地区GDP占全国的比重达到了52.6%，较上年增加了0.3个百分点。

在2017年，东部地区的固定资产投资不含农户，完成额为26.6万亿元，占全国比重达到了42.4%，同比增长了8.3%。民间的投资增长速度比上年回升了1.8个百分点。民间投资对固定资产投资增长的贡献率同比提高了17.5个百分点。高新技术产业的投资增长快速。天津"三新"（新产业、新业态和新商业模式）投资规模同比增长了 30.5%，超过全市投资增速约 30 个百分点，其中高技术服务业的投资同比增长更是达到了 66.6%。浙江的高新技术产业与战略性新兴产业投资占制造业投资比重分别为 30.8% 与 35.7%。

东部地区的进出口明显在回暖，外商投资的结构持续优化。2017 年，东部地区对外贸易好转，全年货物的进出口总额为 3.4 万亿美元，其中进口总额为 1.5 万亿美元，出口总额为 1.9 万亿美元。进出口增长由负转正，较上一年进出口增长率分别为 14.7% 和 6.7%，增速较上年分别提高了 21.0 个和 12.9 个百分点。

贸易结构也进一步的优化，例如，天津的高新技术产品出口 1099.2 亿元，同比增长了 9.2%。外贸新业态也增势迅猛，例如，广东跨境电子商务进出口额同比增长了 93.8%。东部地区对"一带一路"沿线国家的进出口增长迅速，例如，广东增长了 14.9%，约占广东的进出口总额 22.1%。东部地区的吸引外资力度不断加大，其中北京实际利用外资达到 243.3 亿美元，规模居全国首位，增速为 86.7%。东部地区服务业利用外资占比达到了 95.4%。其中山东高技术服务业实际使用外资增长为 40.2%，福建高技术制造业实际使用外资增长为 38.2%。

（二）中部地区经济运行情况

2017 年，中国的中部地区 GDP 达到了 17.9 万亿元，占全国比重达 21.0%，GDP 总额同比增长了 8.0%，增速较全国平均水平高 1.1 个百分点。21 世纪初是中部地区 GDP 增长速度较快的时期。

中部地区的固定资产投资稳定增长，但是增速趋缓。2017 年，中部地区的固定资产投资总额（不含农户）达到了 16.3 万亿元，占全国固定资产投资总额（不含农户）的 26.1%；而且总额同比增长了 6.9%，增长速度比上年下降了 5.1 个百分点。其中，房地产的开发投资为 2.4 万亿元，较上年增长了 11.6%，对固定资产投资的贡献率达 23.5%。高技术产业的投资保持了快速增长，湖北与湖南的高技术产业投资分别增长了 33.4% 和 24.7%。

中部地区企业"走出去"规模稳步扩大，进出口增速由负转正。2017

年，中部地区货物进出口总额达到了 2752.4 亿美元，出口总额 1740.7 亿美元，进口总额为 1011.7 亿美元，同比分别增长了 12.5% 与 21.7%，其中湖南货物的进出口总额增长率居中部第一、全国第四。中部地区的出口商品结构也在持续优化，例如，安徽的机电产品与高新技术产品出口比重分别同比提高了 1.4 个百分点与 3.7 个百分点。中部地区企业 "走出去" 的步伐加快，湖北对外投资额为 16.1 亿美元，同比增长了 22.1%，对 "一带一路" 的沿线国家投资占到对外投资总额的 16.1%。

（三）西部地区经济运行

自从西部大开发后，西部地区就充分发挥其后发优势，立足于劳动力、土地、能源等资源禀赋的优势，加快了产业结构的转型升级。近几年来其经济发展呈现快速增长的态势。固定资产投资与对外贸易增速都领先全国。金融业的资产规模也稳步增长，新型的金融组织建设也取得积极进展，证券保险业稳步发展，业务创新的步伐加快。

2017 年，西部地区生产总值为 17.1 万亿元，同比增长了 7.8%，高于全国增速约 0.9 个百分点。2017 年，西部地区的三次产业占 GDP 的比重分别为 11.5%、41.8% 与 46.7%，分别较 2016 年下降 0.4 个、1.7 个和提高 2.0 个百分点，西部地区第三产业的提升幅度在各区域中是最高的。

西部地区的固定资产投资的增速高于全国 2017 年，西部地区的固定资产投资总额（不含农户）为 16.7 万亿元，同比增长了 8.5%，居各地区首位。其中，西藏与贵州的投资增长速度超过了 20%。投资增长较多的领域是基础设施、先进制造业与高新技术领域。其中四川的基础设施投资增长率为 17.2%，连续四年超过了 16%；云南的基础设施投资，占固定资产投资比重为 39.9%，同比增长了 32.3%；重庆的高技术制造业投资增速比制造业平均增速高出了 5.2 个百分点。

在 "一带一路" 稳步推进的背景下，西部地区的进出口增长速度全国领先。在 2017 年，西部地区的货物进口额的增速由负转正，同比增长了 17.4%，居四大地区的首位，其中出口额占全国比重同比上升了 0.7 个百分点。西部货物进出口总额同比增长了25.0%，比上年高19.1%，是全国进口增长最快的区域。

西部的对外贸易结构也在不断优化。四川、重庆、贵州等省（市）的机电产品、高新技术产品占对外贸易的比重超过了60%。尤其是随着"一带一路"倡议深入实施，西部地区与"一带一路"沿线国家的贸易合作明显加强，重庆的中欧班列累计开行量约占全国的25%，四川全年开行蓉欧快铁1012班，增长94.6%，云南也积极参与孟中印缅经济走廊、中国—中南半岛国际经济走廊与澜沧江—湄公河合作。西部地区强化了区域合作，推动形成了内外联动、互为支撑的双向开放新格局。

（四）东北地区经济运行

东北地区包含的省份最少，经济规模也较小。在2017年，东北地区生产总值为5.5万亿元，占全国生产总值的6.5%，同比增长了5.1%。

从三大产业的构成来看，东北老工业基地正在加快转型升级，第三产业增长较快。在2017年，东北地区的第三产业增长了6.8%，占该地区GDP的比重达到了50.8%。供给侧结构性改革在东北地区稳步推进，其中钢铁煤炭等行业去产能成效明显。截至2017年，黑龙江省关闭了煤矿363处，退出煤炭产能约2938万吨，钢铁与水泥分别淘汰了落后产能675万吨与129万吨；吉林的水泥产量降至12.5%，铁合金的产量降至45.1%；辽宁淘汰了钢铁产能129万吨，取缔了"地条钢"企业共66户，淘汰煤炭产能873万吨，淘汰33条落后水泥磨机生产线、水泥产能421.5万吨。

中西部地区拥有劳动力、土地、能源等方面的竞争优势，吸引了东部传统产业向中西部迁移，而东部地区新产业、新业态成为新的增长点。中部与西部地区的第二产业分别增长了7.4%和7.2%，分别比东部地区高1.4个与1.2个百分点；而东部地区第三产业是经济增长的主要拉动力量，占其地区生产总值的比重为53.1%，比中西部地区分别高了8.0个和6.3个百分点。

东北地区的固定资产投资2017年是三年来首次正增长。2017年，东北地区固定资产投资（不含农户）总额是3.1万亿元，同比增长了2.8%，三年来首次扭转了负增长的态势。民间投资是投资增速由负变为正的主要原因。东北地区的民间投资为 2.2 万亿元，同比增长 3.2% 了，对全部投资增长的贡献率达到了 80.1%。黑龙江的固定资产投资同比增长 6.2% 了，是四年来的最高水平；辽宁的固定资产投资实现了 2014 年 10 月以来首次正增长，2017 年末的增速为 0.1%；吉林的固定资产投资同比增长了 1.4%。

（五）四大区域对比情况分析

在 2017 年，中国东部、中部、西部和东北地区对中国经济增长的贡献率分别为 51.5%、22.8%、21.1% 与 4.6%，分别拉动了中国经济增长 3.5 个、1.6 个、1.5 个和 0.3 个百分点（见图 3.7）。因此，中国东部地区仍旧是经济增长的主要拉动地区。

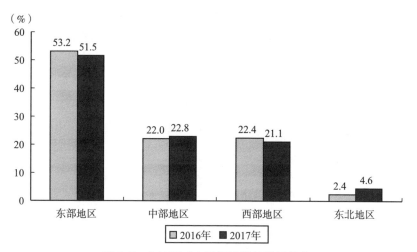

图 3.7　各地区对全国经济增长的贡献率

资料来源：2016 年、2017 年《中国统计摘要》。

从各地区对全国固定资产投资（不含农户）增长的贡献率来看（见图3.8），2017 年，东部和西部增长的贡献率较高，分别为 45.5% 与 29.1%，东北地区投资的增速由负转正，对全国固定资产投资（不含农户）增长的贡献率 2016 年的 − 20.9% 变为 1.9%，中部地区的贡献率由 2016 年的

37.4% 降至 23.5% 。

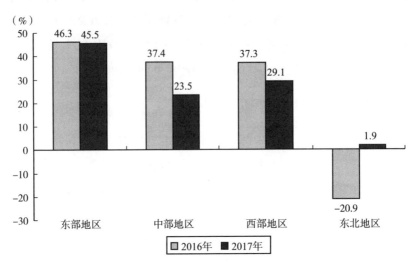

图 3.8　各地区对全国固定资产投资（不含农户）增长的贡献率

资料来源：2016 年、2017 年《中国统计摘要》。

从进出口贸易总额的绝对水平看，东部地区依然是我国最主要的进出口贸易地区，进口总额与出口总额占全国的比重分别是 82.9% 与 82.0%（见表 3.10 和表 3.11）。

表 3.10　　　　　　　**2017 年各地区进口总额比重和增长率**　　　　单位：%

地区	占比		同比增速	
	比例	比上年增减	比例	比上年增减
东部	82.9	−0.9	14.7	21.0
中部	5.5	0.3	21.7	27.7
西部	7.1	0.5	25.0	19.1
东北	4.5	0.1	19.0	23.6

注：按美元计算。

资料来源：2017 年《中国统计摘要》。

表 3.11　　　　　　　　2017 年各地区出口总额比重和增长率　　　　　单位：%

地区	占比		同比增速	
	比例	比上年增减	比例	比上年增减
东部	82.0	-0.9	6.7	12.9
中部	7.7	0.3	12.5	18.9
西部	7.9	0.7	17.4	38.1
东北	2.4	-0.1	4.1	21.6

注：按美元计算。

资料来源：2017 年《中国统计摘要》。

在 2017 年，东部、中部和东北地区进口总额较 2016 年分别上升 21.0 个、27.7 个和 23.6 个百分点；西部地区进口总额同比增速为 25.0%，增长速度居全国首位。

根据表 3.11 可知，四大区域的出口总额增速都实现了由负转正，西部地区出口总额比上年增加 0.7%，高于其他三个地区。

三、金融发展的经济政策环境

金融在稳定的宏观环境、政策机遇与自身比较优势、后发优势的条件下将会快速持续发展。目前，我国金融发展具有较好的政策环境。国家与各省（区、市）实施"十三五"规划与贯彻"五大发展理念"、落实"五大重点任务"时，出台了一系列的金融相关的配套政策措施。

（一）财政支持

政府政策影响主要体现在财政支出的变化以及规模上，因此本书采用财政支出总额占 GDP 的比重来衡量政府政策的影响程度。

根据表 3.12 可知，2000～2017 年，中国财政支出总额占 GDP 的比重由 10.42% 升至 21.33%，2015 年最高，为 21.50%；2000 年最低，为 10.42%。

表3.12 财政支出总额占GDP的比重

单位：%

省份	2000年	2001年	2002年	2003年	2004年	2005年	2006年	2007年	2008年	2009年	2010年	2011年	2012年	2013年	2014年	2015年	2016年	2017年
全国总计	10.42	11.84	12.53	12.49	12.67	13.29	13.77	14.11	15.39	17.45	17.99	19.08	19.81	20.06	19.97	21.50	21.49	21.33
北京	17.87	35.15	31.31	29.49	31.24	33.46	36.01	37.81	45.01	55.05	57.92	61.21	58.45	58.50	62.69	59.27	58.31	24.36
天津	11.41	12.75	12.93	12.75	12.79	11.96	12.46	13.35	11.76	14.95	14.93	15.89	16.62	17.74	18.34	19.54	20.68	17.70
河北	8.17	9.22	9.42	9.11	8.89	9.70	10.12	10.99	11.62	13.62	13.83	14.43	15.35	15.58	15.90	18.90	18.86	19.52
山西	13.74	16.19	16.37	16.52	16.54	16.30	19.13	18.32	18.80	21.00	20.99	21.04	22.78	24.04	24.18	26.81	26.26	24.19
内蒙古	18.76	21.74	23.44	21.69	20.65	17.50	16.95	17.77	17.11	19.78	19.48	20.82	21.57	21.90	21.84	23.85	24.89	28.14
辽宁	11.10	12.62	12.66	13.07	13.55	15.04	15.38	16.00	13.43	17.63	17.31	17.57	18.35	19.19	17.75	15.63	20.58	20.84
吉林	14.06	15.63	15.65	15.75	16.01	17.12	14.47	15.78	17.40	19.38	19.58	19.72	19.48	19.68	19.91	20.74	24.27	24.93
黑龙江	11.90	13.60	13.89	13.34	14.22	14.29	15.65	16.80	18.58	21.87	21.73	22.21	23.16	23.42	22.48	26.66	27.48	29.18
上海	13.69	14.67	16.23	17.64	18.73	18.14	17.50	17.90	18.72	19.87	19.24	20.39	20.73	20.96	20.89	24.64	24.55	24.64
江苏	6.97	7.76	8.17	8.41	8.46	9.14	9.30	9.92	10.23	11.66	11.86	12.67	13.00	13.18	13.02	13.82	12.90	12.37
浙江	7.14	8.85	9.62	9.55	9.45	9.42	9.35	9.62	9.87	11.54	11.57	11.89	12.01	12.59	12.84	15.50	14.76	14.55
安徽	10.64	12.27	12.80	12.77	12.49	13.27	15.29	16.89	17.95	21.29	20.94	21.59	23.01	25.27	22.37	23.81	22.63	22.96
福建	8.32	8.85	8.60	8.76	8.65	9.03	9.40	9.75	9.95	11.21	11.46	12.26	13.23	14.10	13.75	15.40	14.84	14.56
江西	11.27	13.12	13.87	13.46	12.96	13.88	14.90	16.45	18.62	20.41	20.35	21.66	23.32	24.20	26.94	26.38	24.96	25.55
山东	7.18	7.99	8.16	8.13	7.68	7.92	8.30	8.71	8.70	9.64	10.58	11.03	11.81	12.23	12.08	13.09	12.87	12.75
河南	8.67	9.02	10.20	10.17	9.98	10.54	11.52	12.46	12.35	14.92	14.79	15.78	16.91	17.36	17.26	18.38	18.42	18.44

续表

省份	2000年	2001年	2002年	2003年	2004年	2005年	2006年	2007年	2008年	2009年	2010年	2011年	2012年	2013年	2014年	2015年	2016年	2017年
湖北	8.88	10.63	10.52	10.05	10.20	11.94	13.81	13.38	14.07	15.79	15.46	15.94	16.59	17.19	17.18	19.64	19.66	19.17
湖南	9.42	10.84	12.28	12.37	12.82	13.41	14.06	14.75	15.31	16.93	16.85	17.90	18.59	19.15	18.56	19.82	20.09	20.26
广东	11.07	12.41	12.92	12.44	11.55	10.23	9.74	10.16	10.59	10.98	11.78	12.61	12.95	13.53	13.50	17.62	16.63	16.76
广西	12.61	15.76	17.10	16.22	15.28	15.00	15.11	16.55	17.51	20.90	20.98	21.72	22.90	22.32	22.20	24.19	24.25	26.50
海南	13.62	15.56	16.30	17.15	18.29	18.73	18.63	20.04	23.09	29.38	28.16	30.87	31.93	32.14	31.41	33.47	33.96	32.36
重庆	11.75	13.42	15.14	14.68	14.41	15.48	16.66	17.85	15.27	19.79	21.56	25.67	26.70	24.19	23.17	24.13	22.56	22.32
四川	11.27	13.44	14.39	13.42	13.66	13.98	15.60	16.75	23.01	25.37	24.78	22.23	22.83	23.69	23.82	24.95	24.32	23.51
贵州	20.29	25.37	26.72	24.51	26.28	26.31	26.76	29.01	31.61	35.07	35.45	39.45	40.22	38.50	38.23	37.51	36.19	34.06
云南	21.18	23.93	23.60	23.82	22.42	22.07	22.30	23.94	31.01	31.64	31.64	32.94	34.65	34.95	34.63	34.60	33.94	34.89
西藏	50.11	75.61	78.89	79.08	63.26	73.82	68.79	80.47	96.13	106.51	108.58	125.14	129.14	125.59	128.75	134.59	137.92	128.30
陕西	16.36	18.98	19.89	17.44	17.91	17.38	18.16	19.28	19.40	22.54	21.92	23.42	23.00	22.84	22.40	24.28	22.63	22.07
甘肃	19.08	21.77	23.50	23.00	22.90	22.20	23.22	24.99	30.49	36.79	35.64	35.68	36.45	36.85	37.17	43.57	43.75	44.30
青海	26.97	34.36	35.15	31.31	29.49	31.24	33.46	36.01	37.81	45.01	55.05	57.92	61.21	58.45	58.50	62.69	59.27	58.31
宁夏	22.91	31.36	34.79	27.45	26.72	26.44	27.18	27.20	28.06	31.95	33.00	33.58	36.92	35.96	36.35	39.10	39.59	39.87
新疆	14.00	17.73	22.60	19.62	19.14	19.93	22.28	22.57	25.47	31.49	31.24	34.56	36.24	36.69	35.78	40.80	42.88	42.61

资料来源：国家统计局，由 EPS DATA 整理。

2000～2017 年，各省份财政支出总额占 GDP 的比重平均值最高的是西藏，为 99.48% 左右；比重最低的是山东，为 9.94%（见图 3.9）。

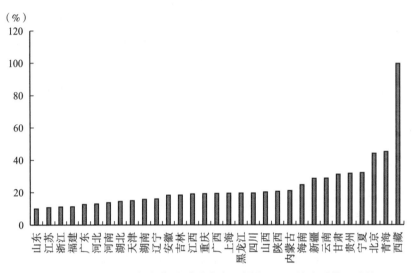

图 3.9　2000～2017 年各省份财政支出总额占 GDP 的比重的平均值

资料来源：国家统计局，由 EPS DATA 整理。

分地区看，2000～2017 年 18 年间，变化最小的是山东，财政支出总额占 GDP 的比重的标准差为 2.09%；变化最大的是西藏，财政支出总额占 GDP 的比重的标准差是 28.58%。各省份 18 年间财政支出总额占 GDP 的比重的均值、最大值、最小值与标准差见表 3.13。

表 3.13　2000～2017 年各省份财政支出总额占 GDP 的比重的统计特征

省份	均值（%）	中位数（%）	最大值（%）	最小值（%）	标准差（%）	偏度	峰度	JB统计量	JB统计量的伴随概率	总和（%）	离差的平方和（%）
北京	44.06	41.41	62.69	17.87	14.78	-0.14	1.55	1.65	0.44	793.11	3713.79
天津	14.92	14.14	20.68	11.41	2.90	0.55	2.00	1.66	0.44	268.55	143.23
河北	12.96	12.62	19.52	8.17	3.78	0.41	1.84	1.50	0.47	233.23	242.92

续表

省份	均值（%）	中位数（%）	最大值（%）	最小值（%）	标准差（%）	偏度	峰度	JB统计量	JB统计量的伴随概率	总和（%）	离差的平方和（%）
山西	20.18	20.06	26.81	13.74	3.89	0.18	1.87	1.04	0.59	363.20	256.81
内蒙古	20.99	21.20	28.14	16.95	2.93	0.59	3.14	1.07	0.59	377.88	146.24
辽宁	15.98	15.82	20.84	11.10	2.86	0.07	1.98	0.79	0.67	287.70	139.22
吉林	18.31	18.39	24.93	14.06	3.10	0.63	2.70	1.27	0.53	329.56	163.36
黑龙江	19.47	20.16	29.18	11.90	5.45	0.22	1.76	1.29	0.52	350.46	504.18
上海	19.40	18.99	24.64	13.69	3.12	0.19	2.58	0.24	0.89	349.13	165.57
江苏	10.71	10.95	13.82	6.97	2.23	-0.17	1.53	1.70	0.43	192.84	84.77
浙江	11.12	10.71	15.50	7.14	2.29	0.40	2.29	0.86	0.65	200.12	89.41
安徽	18.24	19.45	25.27	10.64	4.92	-0.17	1.44	1.92	0.38	328.24	410.91
福建	11.23	10.58	15.40	8.32	2.51	0.36	1.57	1.94	0.38	202.12	107.04
江西	19.02	19.49	26.94	11.27	5.37	0.08	1.49	1.72	0.42	342.30	490.00
山东	9.94	9.18	13.09	7.18	2.09	1.46	2.01	0.37	178.85	74.20
河南	13.73	13.63	18.44	8.67	3.55	0.03	1.45	1.80	0.41	247.17	213.86
湖北	14.45	14.77	19.66	8.88	3.49	-0.04	1.78	1.12	0.57	260.10	207.42
湖南	15.75	16.08	20.26	9.42	3.40	-0.24	1.82	1.21	0.55	283.41	196.24
广东	12.64	12.43	17.62	9.74	2.32	0.91	2.89	2.48	0.29	227.47	91.21
广西	19.28	19.21	26.50	12.61	4.03	0.11	1.76	1.18	0.55	347.10	276.57
海南	24.73	25.63	33.96	13.62	7.35	-0.10	1.32	2.15	0.34	445.09	917.67
重庆	19.15	18.82	26.70	11.75	4.70	0.07	1.59	1.50	0.47	344.75	376.30
四川	19.50	22.53	25.37	11.27	5.16	-0.28	1.31	2.37	0.31	351.02	453.31
贵州	31.75	32.84	40.22	20.29	6.15	-0.19	1.70	1.37	0.50	571.54	643.22
云南	28.79	31.33	34.95	21.18	5.57	-0.15	1.21	2.46	0.29	518.15	526.82
西藏	99.48	101.32	137.92	50.11	28.58	-0.11	1.55	1.61	0.45	1790.68	13881.87
陕西	20.55	20.91	24.28	16.36	2.49	-0.17	1.59	1.58	0.45	369.90	105.09
甘肃	31.19	33.07	44.30	19.08	8.62	0.13	1.54	1.64	0.44	561.35	1263.27
青海	45.12	41.41	62.69	26.97	13.30	0.06	1.25	2.32	0.31	812.21	3005.61
宁夏	32.14	32.48	39.87	22.91	5.22	-0.03	1.78	1.13	0.57	578.43	464.05
新疆	28.65	28.36	42.88	14.00	9.31	0.12	1.64	1.43	0.49	515.63	1473.93

资料来源：根据国家统计局的数据计算。

（二）金融市场制度建设

（1）债券市场的相关制度建设正在不断完善。例如，2018 年中国人民银行发布了《中国人民银行关于银行业金融机构发行资本补充债券有关事宜的公告》，规范了银行业的金融机构发行资本补充债券的行为，还进一步完善了绿色金融债券存续期监督管理等。

（2）加强了证券期货业监管制度建设。上市公司的治理体系也在进一步完善，例如，国务院国资委、财政部、中国证监会联合发布了《上市公司国有股权监督管理办法》，建立国有资产分级监管体系等。

（3）完善保险市场基础性制度建设，加强保险业风险防控，例如，保险监管部门发布了《保险资金运用管理办法》，规范了投资管理人受托管理保险资金的行为等。

第二节　我国金融发展水平的现状分析

目前，中国的金融发展水平相对比较缓慢，这在一定程度上会影响我国经济的持续发展。因此，本书从金融对经济支持角度来进行分析，从中国的金融机构的存贷款总量、结构指标等方面来了解中国的金融发展现状。

一、金融市场运行概况分析

（一）货币市场利率下行，金融机构交易量较快增长

银行体系的流动性充裕，货币市场的利率下行。根据中国人民银行的《2018 年第四季度中国货币政策执行报告》，在 2018 年 12 月，中国的同业拆借加权平均利率为 2.57%，同比下降了 34 个基点，质押式回购加权平均利

率是 2.68%，同比下降 43 个基点。银行业存款类的金融机构间利率债质押式回购加权平均利率是 2.43%，同比下降 31 个基点。上海同业拆借利率（Shibor）整体在下行。2018 年末，隔夜和 1 周 Shibor 分别为 2.55% 与 2.90%，分别较上年末降低了 29 和 5 个基点，3 个月与 1 年期的 Shibor 分别较上年年末下降 157 个与 124 个基点。

银行间的同业存单与大额存单业务在有序发展。2018 年，银行间市场发行的同业存单为 27306 只，发行总量为 21.1 万亿元。金融机构发行的大额存单共有 39961 期，发行总量为 9.23 万亿元，同比增加了 2.99 万亿元。

利率互换交易也在较快增长。2018 年，人民币利率互换市场成交数量同比增长 36.2%，成交的名义本金同比增长 49.2%。从期限结构来看，1 年及 1 年期以下交易最为活跃，占总量的 70.6%。

（二）债券市场的发行利率明显回落

2018 年，国债的各期限品种的收益率整体下行。2018 年末，1 年期、3 年期、5 年期、7 年期与 10 年期国债的收益率分别为 2.60%、2.87%、2.97%、3.16% 和 3.23%，较年初分别下降了 119 个、91 个、88 个、74 个与 65 个基点。2018 年末，中债综合净价指数为 101.92，同比上涨了 4.03%，中债综合全价指数同比上涨了 4.79%，交易所上证国债指数同比上涨 5.61%。

债券的发行利率明显下降。2018 年 12 月发行的 10 年期国债发行利率为 3.25%，比上年同期发行的同期限国债利率低了 57 个基点。国开行发行的 7 年期金融债利率同比下降 134 个基点。主体评级 AAA 的企业发行的一年期短期融资券平均利率比上年同期降了 149 个基点等。

银行间的债券市场现券交易活跃。2018 年，其交易额为 150.7 万亿元，同比增长 46%。

债券发行规模同比多增，见表 3.14。

表 3.14 　　　　　　　　　　**2018 年各类债券发行情况** 　　　　　　　　单位：亿元

债券品种	发行额	较上年增减
国债	36626	·−3306
地方政府债券	41652	−1929
中央银行票据	0	0
金融债券①	274056	16000
其中：国家开发银行及政策性金融债	33602	1067
同业存单	210832	8960
公司信用类债券②	77905	19173
其中：非金融企业债务融资工具	57938	17694
企业债券	4812	−1119
公司债	14555	4748
国际机构债券	720	147
合计	430959	30086

注：①金融债券包括国开行金融债、政策性金融债、商业银行普通债、商业银行次级债、商业银行混合资本债、证券公司债券、同业存单等。②公司信用类债券包括非金融企业债务融资工具、企业债券以及公司债、可转债、可分离债、中小企业私募债等。

资料来源：中国人民银行、中国证券监督管理委员会、中央国债登记结算有限责任公司。

（三）票据融资在快速增长

2018 年末，商业汇票未到期金额为 9.4 万亿元，同比上升了 14.9%。上半年的票据承兑余额小幅增长，6 月末较年初增加了 3612 亿元，下半年增速加快，年末余额较年初增加了 1.2 万亿元。

2018 年上半年，票据融资平稳增长，6 月末较年初增加了 3857 亿元，下半年增速加快，年末余额较年初增加了 1.9 万亿元。2018 年的银行体系流动性充裕，票据市场资金供给增加，票据市场的利率在震荡下行。

（四）股票市场指数下跌，成交量和筹资额同比减少

2018 年末，上证综合指数为 2494 点，同比下降了 24.6%；深证成分指

数为 7240 点，同比下降了 34.4%；创业板指数为 1251 点，同比下降了
28.6%。2018 年末，沪市 A 股加权平均市盈率从 2017 年末的 18.2 倍下降到
12.5 倍，深市 A 股加权平均市盈率从 2016 年末的 36.5 倍下降到 20.2 倍。

2018 年，沪、深股市的累计成交额为 90.2 万亿元，日均成交额 3711 亿
元，同比下降了 19.5%；创业板累计成交 15.9 万亿，同比下降了 4%。
2018 年末，沪、深股市流通市值同比减少了 21.3%；创业板流通市值同比减
少了 19.5%。

2018 年，境内各类企业和金融机构在境内外股票市场上通过发行、增
发、配股、权证行权等方式累计筹资 6827 亿元，同比减少 41.9%，其中 A
股筹资同比下降 44.9%。

（五）保险业资产增速有所放缓

2018 年，保险业保费收入累计 3.8 万亿元，同比减少了 1.5%；累计赔
款、给付同比增长 0.9%。保险业资产增速也在放缓。2018 年末，保险业总
资产为 18.3 万亿元，比上一年增长了 9.4%，增速却比上一年末低了 1.4 个
百分点。其中，银行存款同比增长了 26.4%，投资类资产同比增长了 7.5%。

（六）外汇市场交易活跃

外汇市场的交易主体增多。截至 2018 年末，即期市场的会员有 678 家，
远期、外汇掉期、货币掉期与期权市场的会员分别为 212 家、207 家、175 家
与 124 家，即期市场做市商 32 家，远期掉期市场做市商 27 家。

外汇市场交易活跃。截至 2018 年末，人民币外汇即期成交额 7.6 万亿美
元，同比增长了 19.3%；人民币外汇掉期交易成交额 16.4 万亿美元，同比
增长了 22.7%；人民币外汇远期市场成交额 875 亿美元，同比减少了
15.3%。全年"外币对"累计成交金额为 1867 亿美元，同比增长了 57.2%，
其中 42.3% 是美元对欧元。

（七）黄金价格分析

国际黄金价格最高为 1360.25 美元/盎司，最低为 1176.7 美元/盎司，2018 年末为 1281.65 美元/盎司，同比下降了 1.15%。上海黄金交易所的黄金 Au9999 最高价为 284.9 元/克，最低价是 260.75/克，年末收盘价是 284.6 元/克，同比上升了 4.25%。上海黄金交易所黄金的累计成交数量同比增长了 24.35%，成交金额同比增长了 22.23%。

（八）其他情况

2018 年全年的人民币存款增加了 13.4 万亿元，同比减少了 1071 亿元。其中，住户存款增加了 7.2 万亿元，非金融企业存款增加了 2.16 万亿元，财政性存款减少了 596 亿元，非银行业金融机构存款增加了 1.96 万亿元。

根据中国人民银行《2018 年金融统计数据报告》，2018 年，全年中国的人民币贷款增加了 16.17 万亿元，同比增加 2.64 万亿元。分部门来看，住户部门的贷款增加 7.36 万亿元，其中，短期贷款增加了 2.41 万亿元，中长期贷款增加了 4.95 万亿元；非金融企业及机关团体贷款增加了 8.31 万亿元，其中，短期贷款增加 4982 亿元，中长期贷款增加了 5.6 万亿元，票据融资增加 1.89 万亿元；非银行业的金融机构贷款增加了 4401 亿元。

2018 年，中国的贷款利率在下行，其中企业贷款利率、小微企业贷款利率分别连续 4 个月与 5 个月下降。实施上浮利率的贷款比重下降，而执行基准利率和下浮利率的贷款比重在上升。

截至 2018 年末，全社会的融资规模存量为 200.75 万亿元，同比增长了 9.8%。2018 年的增量为 19.26 万亿元，同比减少了 14 万亿元，主要是表外融资在大幅下降。2018 年的社会融资规模增量有以下特点：第一，对实体经济发放的人民币贷款同比增多。2018 年金融机构对实体经济发放的人民币贷款增加了 15.67 万亿元，同比增加了 1.83 万亿元，占同期全社会融资规模增量的 81.4%。第二，委托贷款、信托贷款与未贴现的银行承兑汇票同比明显减少。2018 年上述表外三项融资减少了 2.93 万亿元，同比多减了 6.5 万亿元。第三，企业债券的融资显著增加，而股票的融资同比少增。2018 年，企业债券的净融资达到了 2.48 万亿元，同比增加了 2.03 万亿元，而非金融企业的境内股票融资是 3606 亿元，同比少了 5153 亿元。第四，地方政府的专项债券同比少增了。2018 年，地方政府的专项债券融资为 1.79 万亿元，比上年减少了 2110 亿元。第五，存款类金融机构资产支持证券与贷款核销同比均多增。2018 年的其他融资中，存款类金融机构资产支持证券融资是 5940 亿元，同比增加了 3963 亿元，贷款核销 1.02 万亿元，比上年增加了 2565 亿元。

根据中国人民银行《2018 年第四季度中国货币政策执行报告》，2018 年，我国的跨境人民币交易金额合计为 15.85 万亿元，同比增长了 46%，其中实收金额合计为 8 万亿元，实付合计 7.85 万亿元。人民币进行结算的跨境货物贸易、服务贸易及其他经常项目、对外直接投资、外商直接投资分别发生了 3.66 万亿元、1.45 万亿元、8048.1 亿元和 1.86 万亿元。

二、四大区域金融运行对比情况分析

近年来，中国四大区域的金融运行平稳，存贷款增长速度呈现出了中部、西部、东部与东北地区由快到慢的格局，各地区的存贷规模差距在缩小，全国的金融发展趋向均衡。

（一）存款增速放缓，中西部存款比重提高

截至 2017 年末，中国的金融机构的本外币存款余额比年初增加了 13.7 万亿元，较去年少增了 2.0 万亿元。其中，中部与西部地区的本外币存款余额占全国比重分别为 16.8% 与 19.2%，同比分别增长了 10.2% 和 8.5%。分结构来看，人民币非金融企业的存款余额比上一年增长了 8.0%，其中，东北地区增速同比下降 13.3 个百分点。

（二）贷款增速下降，中西部比重在上升

四大地区贷款增速在下降，中部和西部地区的贷款占全国的比重上升。

截至 2017 年末，中国的金融机构本外币贷款余额为 125.6 万亿元，同比增长了 12.1%。分地区来看，东部地区贷款余额同比增长 11.3%，增速较上年回落 0.9 个百分点；中部和西部地区贷款余额同比分别增长了 14.8% 和 12.7%，占全国比重均提高 0.4 个百分点；东北地区的贷款余额同比增长了 6.5%，增速较上年下降 2 个百分点。

在各项贷款中，中长期的贷款增量占比明显提高。在 2017 年末，人民币的中长期贷款余额较年初增加了 11.7 万亿元，贷款增量占所有的贷款增量比重为 86.3%，比 2016 年提高了 8.5 个百分点。东部、中部、西部和东北部地区的人民币中长期贷款余额同比分别增长了 19.1%、23.0%、17.0% 和 9.8%。

国家信贷政策结构引导的作用显现出来：首先，涉农贷款与小微企业贷款的增长较快。2017 年，东部和中部的涉农贷款余额比 2016 年分别增长了 7.2% 和 14.8%，东部与西部的小微企业贷款余额同比也分别增长 14.3% 和 24.0%。其次，产能过剩行业的中长期贷款余额下降了 1.7%。东部和中部地区的高耗能行业中长期贷款余额占全国的比重分别下降 0.3 个和 0.4 个百分点。最后，房地产行业的贷款增长在放缓。东部、中部与西部地区的房地产贷款余额增速同比分别回落了 9.9 个、5.7 个与 2.9 个百分点，但东北地区的增速低位回升。

（三）融资规模平稳增长，东部融资规模最大

根据《中国区域金融运行报告（2018）》，四大地区的融资规模也是平稳增长，其中中部地区的直接融资比重较高。在 2017 年末，中国的社会融资规模为 174.6 万亿元，较上一年增长了 12.0%，社会融资规模的增量为 19.4 万亿元，同比增加了 1.6 万亿元。分地区看，东部的社会融资规模占比最大，为 53.9%，其次是西部，为 21.6%；中部的社会融资规模为 20.1%，最少的是东北地区，仅占 4.4%。四大地区的融资种类见表 3.15。中部地区的直接融资比重较高，企业债券和非金融企业境内股票融资占地区社会融资规模增量的 9.5%。

表 3.15   **2017 年末各地区社会融资规模增量占比情况**   单位：%

项目	东部	中部	西部	东北	合计
地区社会融资规模	53.9	20.1	21.6	4.4	100
其中：人民币贷款	54.4	19.8	21.8	4.0	100
外币贷款（折合人民币）	197.9	−199.1	−45.3	146.5	100
委托贷款	40.7	24.9	33.3	1.1	100
信托贷款	54.4	19.4	24.1	2.1	100
未贴现的银行承兑汇票	56.5	7.0	1.1	35.4	100
企业债券	32.2	55.1	15.8	−3.1	100
非金融企业境内股票融资	70.2	13.5	11.6	4.7	100

注：各地区社会融资规模不含各金融机构总部（总行）提供的社会融资规模。

资料来源：中国人民银行上海总部、各分行、营业管理部、省会（首府）城市中心支行。

（四）实际贷款利率稳定，名义贷款利率小幅度上升

近年来，中国的实际贷款利率基本上稳定，名义贷款利率则小幅度的上升。

根据表 3.16 可知，在 2017 年 12 月，中国的一般贷款加权平均的名义利率是 5.80%，比上一年增加了 36 个基点，而一般的贷款加权平均实际利率则是 1.84%，同比下降了 102 个基点。分地区看，东部、中部、西部与东北地区的一般贷款加权平均名义利率分别是 5.63%、6.32%、5.84% 和 6.08%，与上一年相比，均小幅上升，若剔除通货膨胀因素，实际利率仍较低。

此外，银行的资产质量下行压力在缓解。2017 年末，全国的商业银行不良贷款余额是 17057 亿元，不良贷款率是 1.74%。其中，中部和东部地区的银行资产质量较好，其不良贷款率比上一年分别下降了 0.27 个与 0.12 个百分点；西部与东北地区的不良贷款率则略有上升。

表 3.16　　　2017 年各地区人民币贷款发生额占比利率区间分布　　单位：%

项目		东部	中部	西部	东北	全国
合计		100	100	100	100	100
下浮		19.2	11.6	15.4	16.3	17.2
基准		18.5	19.9	24.6	24.5	20.1
上浮	小计	62.3	68.5	60.0	59.2	62.7
	(1.0, 1.1]	16.1	14.7	12.5	10.4	15.0
	(1.1, 1.3]	20.4	17.0	14.0	14.0	18.4
	(1.3, 1.5]	11.5	11.2	10.5	12.1	11.3
	(1.5, 2.0]	9.0	13.8	14.9	15.5	11.2
	2.0 以上	5.3	11.8	8.1	7.2	6.8

资料来源：中国人民银行上海总部、各分行、营业管理部、省会（首府）城市中心支行。

（五）金融机构经营稳健

根据《中国区域金融运行报告（2018）》，由于中国的金融体系去杠杆取得了成效，提升了金融机构的经营稳健性。近年来，中国的监管部门出台了很多政策与措施来约束银行的同业负债，提高流动性的监管标准，并在投资端对嵌套与质押回购比例进行了限制。目前，在金融体系内部，资金循环、多层嵌套的情况已经大幅度减少，资金更多地流向了实体经济。根据表 3.17 可知，2017 年，中国的东部、中部、西部与东北部地区的银行业总资产增长速度较去年分别下降了 0.4 个、5.2 个、2.7 个和 10.4 个百分点。而且银行的合规经营意识也得到了加强，经营行为趋向理性规范，提升了资本充足率。2017 年，中国的东部、中部与东北部地区的地方法人银行机构的资本充足率分别上升了 0.3 个、2.2 个和 0.2 个百分点，西部地区略有下降，降低了 0.5 个百分点。全国的资本充足率提高了 0.4 个百分点。从资本流动比率来看，除东北地区下降较多外，其余地区都在上升，尤其是中部和西部地区分别上升了 1.0 个和 1.4 个百分点，高于全国水平。从资产利润率来看，西部和东北地区下降了 0.1 个百分点，东部和全国与去年持平，只有中部地区上升了

0.2 个百分点。

表 3.17　　　　　2017 年各地区地方法人银行机构部分运营指标　　　　单位：%

项目		2017 年比 2016 年平均增减				
		东部	中部	西部	东北	全国
资本	资本充足率	0.3	2.2	−0.5	0.2	0.4
	流动性比率	0.1	1.0	1.4	−2.2	0.4
	资产利润率	0.0	0.2	−0.1	−0.1	0.0

资料来源：中国人民银行上海总部、各分行、营业管理部、省会（首府）城市中心支行。

（六）跨境业务情况

近年来，随着"一带一路"的深入实施，中国的人民币跨境业务在稳步发展。在 2017 年，全国的人民币跨境收付共 9.2 万亿元。中国的各地区也在跨境贸易投资中积极推进人民币业务。例如，到 2017 年末，新疆辖区内的银行柜台人民币对坚戈累计交易量 6447 万元人民币，同比增长 39%；陕西也通过"互联网 + 跨境人民币"搭建了"通丝路"跨境电子商务人民币结算服务平台。

三、国际金融市场概况

2018 年以来，部分新兴市场经济体的金融市场动荡，出现了汇率贬值、债券价格下降、股指下跌的现象，发达经济体股指也出现了较大波动。例如，截至 2018 年末，美元指数收于 96.17，同比上涨 4.40%；欧元收于 1.1469 美元/欧元，同比下降 3.9%；英镑收于 1.2757 美元/英镑，同比下降 5.59%，日元收于 109.56 日元/美元，同比上涨 2.84%。新兴市场经济体方面，阿根廷比索、土耳其里拉、对美元较上季末分别升值 9.73%、14.51%，较上年末分别贬值 50.57%、28.34% 等。

发达经济体的国债收益率近期普遍下行，全年走势不一。2018 年末，美国 10 年期国债收益率收于 2.691%，较上年年末上升 28 个基点，德国 10 年期国债收益率较上季末下降 22.8 个基点，较上年年末下降 17.8 个基点等。

近期发达经济体股市普遍走跌。2018 年末，美国道琼斯工业平均指数较上年末下跌 5.63%，日本日经 225 指数、德国法兰克福 DAX 指数、欧元区 STOXX50 指数、英国富时 100 指数分别较上年年末下跌 12.08%、18.26%、14.34%、12.48%。新兴市场经济体中，巴西 BOVESPA 指数全年上涨 15.03%，阿根廷 BUSEMERVAL 指数与印度 SENSEX 指数全年上涨 0.75%、5.91%；墨西哥 MXX 指数、土耳其 BIST30 指数、俄罗斯 RTS 指数全年下跌 15.63%、19.54% 和 7.65%。

受美联储连续加息等因素影响，伦敦同业拆借市场美元 Libor 略有上升。2018 年末，1 年期 Libor 为 3.0054%，较上年年末上升 89.8 个基点，1 年期 Euribor 为 −0.117%，较上年末上升 6.9 个基点。

四、金融改革创新与对外开放情况

绿色金融改革试点在稳步推进。2017 年，贵州、浙江、广东、湖北和安徽 5 个省份开展了绿色金融创新试验区试点建设，时间虽然较短，但是推动绿色产业、生态经济发展的良好势头已经显现。

金融科技在不断创新，移动支付已走在世界前列。2017 年银行业金融机构共处理移动了支付业务 375.5 亿笔，金额合计 202.9 万亿元，比上一年分别增长了 46.1% 与 28.8%。非银行支付机构发生的网络支付业务数量和金融同比分别增长了 75.0% 和 44.3%。

国家级的金融综合改革试验区不断提升改革推进力度。例如，山东青岛从机构、市场与人才方面推进财富管理的供给侧改革，积极探索财富管理对外开放和跨境投融资等创新机制。珠三角地区积极引导金融机构资金配置向粤东西北地区倾斜，推动金融机构的跨区域经营，促进广东和港澳金融合作与对接，推进区域经济协调发展等。

金融市场对外开放在不断深化。在 2017 年，中国人民银行制定并发布了

《内地与香港债券市场互联互通合作管理暂行办法》，推出了内地和香港债券市场互联互通合作，丰富了境内外投资者的投资渠道，推进了银行间债券市场的对外开放。我国自贸区的金融改革也向纵深推进，上海自由贸易试验区先后推出了自由贸易账户、跨境投融资汇兑便利、人民币跨境使用等一系列金融改革制度的安排，在金融开放创新、投资自由化、贸易便利化、优化营商环境、事中事后监管、推进科技创新、服务国家战略等方面进行了积极探索。广东自由贸易试验区为企业提供了"利率互换＋期权组合＋差额清算业务"衍生工具综合服务，满足"走出去"企业境外融资的套期保值需求。辽宁、陕西、湖北、四川、重庆和浙江等地稳步实施扩大人民币跨境使用、拓展融资渠道、深化外汇管理改革等举措，积极探索跨境电子商务、智能制造、融资租赁等发展路径。

第三节　经济与金融展望

展望在未来的一段时期内，中国的经济将持续健康发展。我国经济的发展有巨大的潜能，新型城镇化、服务业、高端制造业与消费升级有很大的发展空间。近年来，中国经济结构的调整取得了积极进展，经济增长动力加快转换，总供求也更加平衡。但也要看到贸易摩擦、地缘政治等给经济发展带来了较大的不确定性。同时，我国经济正处于转变发展方式、优化经济结构、转换增长动力的攻关期，防范化解重大风险的任务依然很艰巨。各地区将按照党中央、国务院部署，继续深入贯彻落实推进西部大开发，推动中部地区崛起，加快东北等老工业基地振兴，支持东部地区率先发展的区域协调发展战略，坚持优势互补、互利共赢，最终实现区域协调发展。

中国人民银行将按照党中央、国务院部署，继续实施好稳健中性的货币政策，健全货币政策与宏观审慎政策双支柱调控框架，为供给侧结构性改革和经济高质量发展营造适宜的货币金融环境。扎实地推进金融改革开放，大力发展普惠金融。

| 第四章 |

金融发展水平测算的主要方法与选择

第一节　金融发展水平测算的主要方法

对于金融发展水平的测算分析研究，不同情况下使用的测算方法不尽相同，并且每一种方法测算出的结果都会存在差异，而现今主流的测算方法主要有变异系数法、主成分分析法和因子分析法。

一、变异系数法

变异系数法，也称之为标准差率法，是衡量统计资料中各观测值变异程度的一种统计方法。当进行两个或两个以上的资料变异程度的比较时，如果度量单位与平均数相同，可直接使用标准差来比较。如果单位与平均数不同时，比较其变异程度则不能使用标准差，需使用标准差和平均数的比值来比较。

变异系数法是一种客观的权重赋值方法，主要的思想是利用所给出各个指标中包含的信息，并使用简单公式计算出每个指标的权重。而计算出的数值是衡量各观察值的变异程度或者离散程度。

变异系数有全距系数、平均差系数与标准差系数等。常用的是标准差系数，用标准差与均值的比率（coefficient of variance，CV）表示。用公式表示为：$CV = \sigma/\mu$。其中 σ 为标准差，μ 为均值。

在评价指标体系中，该指标取值差异越大的指标，也是越难以实现的指标，就更能反映被评价单位的差距。

变异系数法的优点在于操作简单，并且适用在当评价指标对于要评价的目标而言比较模糊的时候。但是缺点则是计算的过程中没有考虑到指标以及变量之间的相关性。

二、主成分分析法

主成分分析法是通过因子矩阵的旋转得到因子变量和原变量的关系。主要的思想就是通过降维将多个维度不同的指标降维成一个维度较少的指标评价体系。通常是选出几个新变量，这几个新变量比原始变量个数少但能解释大部分资料中变量，即所谓主成分，并用其解释资料的综合性。由此可见，主成分分析可以用来降维。

主成分分析的主要方法有特征值分解等。它的优点在于能处理多个相互之间存在相关性的变量，并且能最大限度地保留原始数据的信息量，能在降维之后较为客观地反映原始数据所包含的信息。局限性则是对指标的依赖性很大，若指标之间相关性很弱，则丢失的信息量非常多，并且很难实现降维。此外，由于原始数据之间是存在一定的相关性的，因为在进行降维运算后会使相同的信息重复出现。

三、因子分析法

因子分析法是主成分法的推广与延伸，思维的本质同样是利用降维对数据进行处理，而基本核心则是利用原始变量的相关程度进行分组，使得相关程度较高的变量成为一组，而相关程度较低的则分在不同的组内，以此达到降维的效果。每一组变量代表一个公共因子，并且对于所研究的问题，只要通过最少个数的公共因子的线性组合来表示即可。

因子分析的基本步骤如下：

（1）判断原变量是否适合进行因子分析；

（2）构造因子变量；

（3）利用旋转法使因子变量更具有解释性；

（4）计算因子得分。

优点在于，对比主成分分析法，能更好地明确每个公因子的实际含义，同时还能对每组变量的内部结构进行分析和考察。

第二节　测算方法的选择

测算方法有很多，如何选择适当方法来分析实际问题，则需要对研究的问题进行综合考虑。同一个问题还可以综合采用多种统计方法分析。

一、测算方法的选择

本书所建立用于测算金融发展水平的指标体系中指标较多，而且某些指标之间的相关程度较高，因此在选择测算方法时，不仅要考虑到评价方法本身的科学性和合理性，更要考虑到我们所考虑的指标体系，以及得出的结果能否合理地反映地区的金融发展水平，并能对所得出的结果进行横向以及纵向的比较。因此，因子分析法在克服变异系数法受限于指标的数量以及标准差和主成分分析法的因子载荷阵出现负数以及有可能将重要信息剔除的缺点后，能最大限度地保留原始数据的信息量并对原始指标进行降维。同时得出的结果还能进行横向和纵向比较。因此本书认为因子分析法较适合用于金融发展水平的测算。

二、多指标面板数据的因子分析

由于本书使用的数据为2000～2017年中国10个城市的面板数据。因子分析使用的是截面数据，而面板数据对比截面数据除了指标和个体外还含有时间维度。因此在进行面板数据因子分析时，对每一个时点上的截面数据进行一次因子分析，通过得出方差贡献率作为权重再计算不同时点上的综合得分（董锋等，2009）。这种因子分析的改进方法虽然能对面板数据进行因子分析，但是由于不同时点上的截面数据存在不同的超平面，这样做将无法保证在后续分析中保持数据的统一性和可比性，例如，在提取公因子数量上，在规定某一数值下，不同的时点数据得出的公因子数量会不尽相同，并且公因子的贡献率以及系数都会存在差异。肖泽磊等（2009）认为采用主成分分析的方法也存在上述情况。

因此本书参考任娟（2013）提出的将面板数据转化为二维数表的方法，即通过面板数据的指标，将不同时点的数据放在相同指标下，并且对这个表进行一次因子分析即可，该方法的优点是能最大程度保留数据的统一性、整体性、可比性和信息量，还能克服对每一时间上截面数据进行一次因子分析的弊端，但是缺点在于当指标数量过少而数据量较多的时候，达不到有效的降维效果。但是该方法不仅能保证数据的信息不会大量损失，同时还能解决指标间的相关性问题。因此本书使用多指标面板数据的因子分析法来对指数进行测算。

第五章

我国主要城市金融发展水平
指标体系的构建与测度

前面本书主要是对金融发展的现状做了分析以及对指标体系和指数构建方法进行了分析，本章则是在借鉴前人研究成果的基础上以及结合前面的分析，构建金融发展水平评价指标体系，对我国主要城市金融发展水平进行定量分析，通过使用多指标面板数据因子分析法和 SPSS 软件，在所构建的指标体系上测度 2000～2017 年中国 10 个城市的面板数据来得出评价金融发展水平的指数并进行分析。

第一节　金融发展水平评价指标选取的基本原则

金融发展水平评价指标体系的构建是用于评价一个地区的金融发展水平以及用于测算能进行横向和纵向对比不同地区之间金融发展水平的指数。只有所选取的指标具有科学、客观和可度量的特质，所测度的指数才能真实地反映该地区的金融发展水平，以及对比不同地区间金融发展水平的差距。因此，本章在选取评价指标时遵循科学性、全面性、层次性和可比性四个原则。

第二节　基于五个维度的金融发展水平评价指标的选取

在研究评价金融发展水平的问题上，国内外均进行过大量的研究，而评价所使用的指标从单一的指标慢慢发展成为多指标再到综合指标。而最初则是由戈德史密斯（Goldsmith，1969）提出的金融相关比率（FIR）这一概念，即在一定的时期内，社会金融活动的总量占经济总量作为指标来衡量一个国家金融机构的发展水平。但该指标仅仅只考虑了金融中介的规模。为了克服这一缺点，金托尔（Kingetal，1993）从金融深度、银行业、私有化程度以及利益关系团体四个方面分别对金融发展水平进行衡量。

国外学者的研究对中国具有参考价值，但是不能直接拿来用。因此基于中国的实际情况，有学者分别使用了金融相关比率（FIR）、GDP 增长率和人均 GDP 等 12 个指标来建立区域金融发展水平的评价指标，并使用该指标测算了我国 2004 年各省份的金融发展水平（李明贤，2007）。殷克东和孙文娟（2010）在考虑指标体系的维度时，扩展了原有的理论，在考虑金融深度和广度两个维度同时加入了金融发展规模和金融效益共 4 个维度 33 个指标，并对中国沿海 8 个省份的金融发展水平进行了分析。在考虑金融内部运行的同时还会考虑到外在的金融发展生态环境维度，并使用人均 GDP、城镇居民人均可支配收入等作为衡量的指标（李娜，2013）。熊学萍（2016）则扩展了研究，既考虑到了金融发展的生态环境，也从金融深度、宽度和效率共 4 个维度去考察地区的金融发展程度。但是另一些学者则认为，评价金融发展水平仅仅是对其自身内部发展状况的一个评价，不应该将金融生态环境考虑在内（董金玲，2009；夏祥谦，2014）。

本章在借鉴前人学者研究成果以及结合我国金融发展和金融结构的实际上，建立包括金融规模、金融结构、金融效率、金融深度和金融发展生态五个维度共 17 个指标的金融发展评价指标体系。

一、金融规模维度指标

金融规模主要是从量上去衡量其发展程度，而这种量可以体现为金融机构数量的增多、金融资产规模的扩张、货币供应量的增多以及金融从业人数的上升。金融机构的数量主要是用来衡量金融中介的规模，一般使用金融机构网点数来作为衡量的指标，但由于所研究城市的统计数据不全，因此使用证券营业部数量和境内上市公司数替代金融机构网点数量。金融资产规模则是指金融产业的总量大小，使用金融机构本外币存款以及保费收入作为衡量的指标。货币供应量是指从货币供应量大小来衡量金融发展规模，一般使用麦金农指标作为衡量地区货币供应量规模的指标，即广义货币总额占 GDP 的比重，但也有人提出其他的测度指标，例如，阿雷斯蒂斯（Arestis，2001）、艾伦（Allen，2005）等使用银行贷款占 GDP 的比重来度量金融发展规模。本书为了方便数据的获取，使用衡量的指标为银行贷款占 GDP 的比重。金融从业人员则是为了衡量金融业吸引人才的能力，当金融机构的规模越大，越能吸引人力资源来从事金融业。因此还使用金融业从业人员数量作为衡量指标。

二、金融结构维度指标

戈德史密斯（Goldsmith，1969）指出，金融结构决定着一个地方金融的功能，因此合理的金融结构有利于提高一个地区的金融发展水平。而金融结构主要是指金融要素的构成以及关系，可以看成是金融体系中不同要素间相互影响的一种状态，这里的金融要素主要包括金融机构、金融工具等。因此许多学者会使用结构比例分析法对不同金融要素的数量以及占比进行研究与分析，并且一般会使用非银行资产与金融总资产的比率作为指标来衡量金融结构（王志强和孙刚，2003；马长有等，2005）。本书选取金融机构的存贷比来代表金融市场的结构，选取金融业产值与 GDP 之比来代表金融机构内部结构。

三、金融效率维度指标

金融作为一种社会性资源就会存在效率高低的问题，不同的学者对此有不同的观点。李木祥、钟子明和张宗益（2004）认为，金融效率就是指金融中介对资金融通能力的效率，若金融机构用最小的投入来达到最大的产出，即意味着金融效率最大。郑旭（2005）提出，金融效率就是金融资源的配置达到帕累托最优，其中金融资源指的是货币和货币资本。谭霖（2016）认为金融效率即金融部门的增加值，指的是金融机构或者金融部门对国民经济以及就业增加值的贡献率。上述文献中对金融效率有着各自界定，同时也对金融效率的层次提出了不同的理解。本书借鉴周国富（2007）提出的储蓄动员率，采用金融机构存款总额与GDP的比率来衡量金融体系中动员储蓄的效率，若金融效率越高，储蓄动员能力就越强，意味着金融系统把储蓄转化为投资过程中遗漏的比例越低，也就是储蓄向投资的转化率就越高。同时使用金融对就业增长的贡献率、金融对第三产业增加值增长的贡献率以及金融对国内生产总值增长的贡献率来衡量金融机构或者金融部门对国民经济以及就业增加值的贡献率，若贡献率越高，即说明金融机构或者金融部门的效率越高。

四、金融深度维度指标

金融深化理论是由经济学家麦金农（McKinnon，1979）和肖（Shaw，1973）提出的，他们认为金融深化是通过储蓄以及投资促进资本的形成，因此金融的发展不仅仅是体现在量上的增多，还应表现为质量的提高。由此可知，金融深度应表现为金融结构的相对合理，金融资源的合理利用以及融资方式的比例等多个方面。金融的深度反映国民经济金融化不断深化和加强的过程，本书选取以下所示的指标来衡量金融深度。金融相关比率（FIR）是衡量社会金融深度的总量指标，本书采用大多数学者的做法，用银行存贷款总量/GDP来代替，该指标反映区域银行业深化程度。保险深化率（IDR）是衡量保险业综合发展水平的一个重要指标，反映一个地区保险业的地位以及保险市场的深化程度，一般使用保费收入占国内生产总值的比重来衡量。

五、金融发展生态维度指标

金融发展生态指与金融业生存和发展具有互动关系的社会和自然因素的综合，是金融运行的外在基础条件。国内外学者关于金融生态做了许多研究，但一直没有统一的概念界定。综合现存关于金融生态的文献，金融生态应该指包括政治、监管、经济、法律体制、服务等金融所处的社会外部环境。因此下文选取以下所示的指标来衡量金融发展生态。使用地区进出口额/GDP反映区域对外开放程度也即贸易国际化程度；使用城镇居民人均可支配收入以及人均社会消费品总额反映社会经济基础。

本书根据上述因素的影响分析分别选取了衡量各个因素的变量，具体描述见表5.1。

表5.1 金融发展水平评价指标体系

第一层因素	第二层因素	指标
金融规模	金融机构数量规模	证券营业部数量
		境内上市公司数
	金融资产的规模	保费收入
		金融机构本外币存款总额
	货币供应量	银行贷款总额/GDP
	金融从业人数	金融业从业人员数量
金融结构	金融市场结构	金融机构的存贷比
	金融机构内部结构	金融业产值/GDP
金融效率	储蓄动员率	金融机构存款总额/GDP
	金融对就业增长的贡献率	金融就业人数增加值/就业增加值
	金融对第三产业增长的贡献率	金融业增加值/第三产业增加值
	金融对GDP增长的贡献率	金融业增加值/GDP增加值

续表

第一层因素	第二层因素	指标
金融深度	金融相关比率（FIR）	银行存贷款总量/GDP
	保险深化率（IDR）	保费收入/GDP
金融发展生态	对外开放程度	地区进出口额/GDP
	社会经济基础	城镇居民人均可支配收入
		人均社会消费品总额

第三节 我国主要城市金融发展指标概况

根据第三章的内容可知，我国金融发展水平较好的区域是东部地区，以其主要城市（北京、上海、深圳、广州、天津、南京、杭州、厦门、济南、沈阳）来构建指标，为中西部地区以及东部地区的其他城市提供借鉴。

一、金融规模

证券营业部数量以及境内金融类上市公司数可以大致反映金融中介的规模。从我国主要城市的证券营业部数量来看，上海的数量是最多的，北京在2009年超过深圳，成为目前证券营业部数量第二多的城市。在2017年，这十大城市中厦门的证券营业部数量最少（见表5.2）。

表5.2 证券营业部数量 单位：家

年份	北京	上海	深圳	广州	天津	南京	杭州	厦门	济南	沈阳
2000	114	434	204	114	96	54	82	21	17	57
2001	132	444	203	114	93	59	84	22	25	57
2002	150	444	203	117	85	61	86	22	29	73
2003	162	454	205	117	78	64	87	23	30	84

续表

年份	北京	上海	深圳	广州	天津	南京	杭州	厦门	济南	沈阳
2004	170	454	205	122	79	67	87	23	30	67
2005	171	464	205	122	79	70	90	23	31	66
2006	172	464	200	122	74	73	92	23	36	74
2007	173	446	196	120	71	76	96	25	36	74
2008	189	449	192	121	73	79	92	28	36	73
2009	206	457	195	134	87	82	101	36	41	72
2010	230	471	210	141	98	85	116	43	42	74
2011	262	481	225	153	102	88	119	49	51	75
2012	283	484	243	157	105	95	123	52	57	76
2013	299	500	263	190	111	103	145	56	60	76
2014	299	559	285	229	131	124	161	68	72	92
2015	349	616	309	259	148	133	186	77	78	112
2016	422	675	366	278	166	157	228	84	83	123
2017	482	736	406	297	179	181	258	89	92	118

资料来源：各城市的统计年鉴以及金融年鉴。

从境内上市公司数来看（见表5.3），2012年，北京超过上海成为目前数目最多的城市，上海排第二位，最少的是济南，2017年只有33家境内上市公司。

表5.3　　　　　　　　　　境内上市公司数　　　　　　　　单位：家

年份	北京	上海	深圳	广州	天津	南京	杭州	厦门	济南	沈阳
2000	66	132	76	17	36	21	38	15	3	25
2001	68	136	78	18	46	24	41	16	3	25
2002	70	140	76	18	50	25	43	16	4	26

续表

年份	北京	上海	深圳	广州	天津	南京	杭州	厦门	济南	沈阳
2003	76	144	76	20	52	29	47	16	4	26
2004	82	148	77	23	52	32	51	15	4	27
2005	87	148	77	23	52	37	55	15	5	28
2006	92	148	80	28	52	40	50	15	5	32
2007	103	157	96	34	60	47	60	15	21	35
2008	114	159	102	35	60	47	55	18	24	37
2009	126	165	115	39	63	50	64	18	26	39
2010	164	177	149	46	71	51	83	24	26	41
2011	194	196	172	53	73	58	93	27	29	44
2012	217	200	184	61	75	63	98	28	30	45
2013	217	204	183	60	75	66	102	29	30	47
2014	235	206	190	62	93	71	109	31	28	49
2015	264	224	202	68	93	77	118	33	31	50
2016	281	240	233	78	93	89	135	37	32	51
2017	301	279	253	97	102	102	145	42	33	52

资料来源：各城市的统计年鉴以及金融年鉴。

金融资产规模则是指金融产业的总量大小，使用金融机构本外币存款以及保费收入作为衡量的指标。

在 2017 年，北京、上海和广州的保费收入居前三位，分别是 1973.20 亿元、1587.10 亿元和 1127.252 亿元。2000～2017 年，厦门市的保费收入是属于较低层次（见表 5.4）。

表 5.4　　　　　　　　　　　　　保险费收入　　　　　　　　　　　　单位：亿元

年份	北京	上海	深圳	广州	天津	南京	杭州	厦门	济南	沈阳
2000	93.40	127.23	40.66	57.45	31.47	24.91	26.01	10.25	12.50	23.05
2001	141.30	180.25	54.22	81.04	41.70	36.69	39.79	13.41	16.74	27.99

续表

年份	北京	上海	深圳	广州	天津	南京	杭州	厦门	济南	沈阳
2002	234.10	237.61	65.84	99.87	64.97	54.77	49.31	16.47	21.12	42.85
2003	282.50	289.93	78.75	117.28	75.31	69.47	66.60	19.30	34.71	47.38
2004	279.30	307.11	91.77	132.94	80.99	71.33	72.33	20.53	39.20	61.42
2005	498.20	333.62	106.39	158.63	90.64	75.28	72.53	23.31	41.53	53.47
2006	411.50	407.04	134.69	175.46	105.18	89.96	83.97	27.77	53.45	54.29
2007	498.10	482.64	183.70	227.50	150.91	98.29	104.11	36.26	64.30	64.75
2008	585.90	600.06	240.82	310.60	175.62	127.17	146.21	46.87	95.49	86.61
2009	697.60	665.03	271.59	327.38	151.29	175.42	159.69	58.39	96.27	111.13
2010	966.50	883.86	361.49	420.42	214.01	191.30	202.94	77.55	122.38	110.42
2011	820.90	753.11	359.90	397.30	211.74	194.08	211.10	82.03	112.26	125.48
2012	923.10	820.64	401.27	420.80	238.16	235.74	247.92	92.92	122.52	142.81
2013	994.40	821.43	468.76	474.89	276.80	264.34	279.23	111.78	141.47	147.63
2014	1207.20	986.75	548.66	601.81	317.75	311.53	320.41	131.21	162.87	212.59
2015	1403.90	1125.16	647.55	710.07	398.34	368.04	374.38	146.36	222.75	230.26
2016	1839.00	1529.26	834.45	1166.19	529.49	485.80	518.40	162.60	347.50	304.12
2017	1973.20	1587.10	1029.75	1127.25	565.01	697.95	633.70	200.33	381.07	370.98

资料来源：各城市的统计年鉴以及金融年鉴。

　　从金融机构本外币存款总额来看，北京和上海最多，厦门最少（见表5.5）。

　　从银行贷款总额/GDP 来看（见表5.6），北京由 2000 年的 1.72 升至 2017 年的 3.04，居 2017 年第一位，杭州从 1.22 升至 2.39，沈阳从 1.22 升至 2.39，2017 年，两个城市并列第二。广州银行贷款总额/GDP 比值较稳定，在 1.5 左右徘徊。

表5.5　金融机构本外币存款总额

单位：亿元

年份	北京	上海	深圳	广州	天津	南京	杭州	厦门	济南	沈阳
2000	11526.00	9349.83	3974.12	5545.19	2281.55	1963.44	1543.63	544.90	1247.96	1700.49
2001	14109.20	11247.90	4988.20	6228.04	2562.55	2489.64	2376.54	642.37	1457.53	1907.02
2002	17438.40	14035.77	5941.29	7498.35	3358.89	3005.89	3063.84	818.53	2017.23	2274.16
2003	20476.00	17318.38	7071.94	8676.72	4362.60	3821.37	4252.20	1001.17	2449.48	2691.74
2004	23781.30	19994.05	8136.21	9613.57	5139.72	4412.06	5254.21	1294.52	2991.27	3050.47
2005	28969.90	23320.86	9486.71	11085.30	6090.50	5263.25	6224.95	1662.64	3483.34	3696.62
2006	33793.30	26454.88	10616.01	12731.23	6839.20	5960.83	7226.96	2054.26	4024.62	4100.89
2007	37700.30	30315.53	12729.68	14783.46	8242.07	7131.80	8619.73	2466.97	4062.43	4696.67
2008	43980.70	35589.07	14260.94	16929.47	9954.16	8562.27	10493.01	2727.14	5036.81	5404.78
2009	56960.10	44620.27	18357.47	20944.19	13887.11	11088.39	13180.02	3480.44	6363.30	6809.83
2010	66584.60	52190.04	21937.89	23953.96	16499.25	12887.43	15677.65	4440.60	7510.44	8254.24
2011	75001.90	58186.48	25095.78	26460.80	17586.91	14241.99	16805.29	4957.46	8364.06	9040.68
2012	84837.30	63555.25	29662.40	30186.57	20293.79	16540.43	18371.92	5472.00	9893.83	10441.55
2013	91660.50	69256.32	33943.15	33838.20	23316.56	18417.90	20159.61	6380.63	10925.82	11576.58
2014	100095.50	73882.45	49969.99	35469.29	24777.75	20733.39	22255.89	7064.61	12010.17	12458.02
2015	128573.00	103760.60	57778.90	42843.67	28149.37	26471.69	28432.13	8876.25	13552.99	14035.40
2016	138408.90	110510.96	64407.81	47530.20	30067.03	28355.89	31772.37	9788.27	15537.45	14446.27
2017	144086.00	112461.74	69668.31	51369.03	30940.81	30764.63	34546.13	10598.32	16560.60	15752.88

资料来源：各城市的统计年鉴以及金融年鉴。

表5.6   银行贷款总额/GDP

年份	北京	上海	深圳	广州	天津	南京	杭州	厦门	济南	沈阳
2000	1.72	1.86	1.38	1.55	1.48	1.59	1.22	0.45	1.13	1.22
2001	1.99	1.93	1.46	1.52	1.50	1.69	1.33	0.77	1.22	1.32
2002	2.18	2.00	1.56	1.63	1.51	1.84	1.54	1.00	1.75	1.39
2003	2.33	1.95	1.56	1.78	1.41	2.10	1.82	1.18	1.83	1.51
2004	2.20	1.83	1.92	1.61	1.32	2.03	1.89	1.16	1.77	1.32
2005	2.15	1.79	1.53	1.47	1.20	1.88	1.88	1.19	1.77	1.12
2006	2.18	1.74	1.44	1.42	1.20	1.87	1.92	1.38	1.75	1.03
2007	1.97	1.71	1.48	1.34	1.23	1.87	2.05	1.51	1.50	0.87
2008	2.02	1.70	1.44	1.32	1.13	1.94	2.09	1.46	1.39	0.87
2009	2.34	1.94	1.80	1.50	1.47	2.20	2.56	1.70	1.86	1.21
2010	2.53	1.96	1.75	1.50	1.48	2.10	2.53	1.73	1.80	1.20
2011	2.67	1.90	1.67	1.41	1.39	1.88	2.36	1.68	1.82	1.19
2012	2.72	1.99	1.68	1.46	1.41	1.79	2.31	1.78	1.80	1.22
2013	2.66	1.99	1.65	1.41	1.42	1.77	2.30	1.91	1.76	1.35
2014	2.78	1.99	1.70	1.43	1.45	1.84	2.32	1.99	1.73	1.45
2015	3.00	2.08	1.80	1.49	1.55	1.92	2.32	2.14	1.86	1.60
2016	3.00	2.13	2.03	1.50	1.61	2.09	2.31	2.23	2.00	2.32
2017	3.04	2.19	2.08	1.47	1.70	2.15	2.39	2.23	2.10	2.39

资料来源：各城市的统计年鉴以及金融年鉴。

根据表5.7可知，从金融业从业人员数量来看，2017年，北京人数显著高于其他城市，2017年为567000人；其次是上海，为355400人；最少的是厦门，2017年只有38128人。

表 5.7 金融业从业人员数量 单位：人

年份	北京	上海	深圳	广州	天津	南京	杭州	厦门	济南	沈阳
2000	71246	100500	36082	55169	47000	23466	34913	12000	20989	31362
2001	79688	110700	33055	61395	44500	24274	40770	11724	21362	27621
2002	82294	126200	33774	69254	45400	25772	41183	11268	22221	29026
2003	140187	173200	39050	66178	55900	30937	35713	12490	25405	26531
2004	158690	159200	44976	64749	54800	29593	37954	11633	25147	40851
2005	158010	182400	53044	61140	58100	28366	39410	12420	24794	40958
2006	184587	195700	56784	63491	80700	28325	46322	11269	38414	40353
2007	208440	193200	69697	67436	90900	29802	52297	12980	41939	41744
2008	232000	231900	85974	76318	97100	26215	60850	14235	46174	43296
2009	258000	221100	90983	81950	98400	26175	68331	14429	58006	41895
2010	279000	241100	108600	86928	118200	31239	75194	15342	59376	42751
2011	334000	284100	127685	122530	125400	37942	80182	17836	58784	47410
2012	395000	300500	142964	125979	134500	37953	89455	19993	60512	46855
2013	405000	328900	122565	108009	155600	35283	92510	20287	61408	52051
2014	459000	344200	92076	121362	157000	44380	96992	29412	70079	54047
2015	509000	350700	99129	116913	187600	42418	107110	33034	76796	57684
2016	538000	364200	105073	117694	216300	44434	120637	35116	101156	60453
2017	567000	355400	97209	120116	238000	47269	116339	38128	105504	68611

资料来源：各城市的统计年鉴以及金融年鉴。

二、金融结构

金融结构主要是指金融要素的构成以及关系，可以看成是金融体系中不同要素间相互影响的一种状态，这里的金融要素主要包括金融机构、金融工具等。合理的金融结构有利于提高一个地区的金融发展水平。

根据表5.8可知，从2000～2017年各城市金融机构的存贷比变化来看，各个城市基本上呈现略有下降趋势。这18年间，金融机构的存贷比均值最大的是济南，为0.90，最低的是北京，只有0.53。

表5.8 金融机构的存贷比

年份	北京	上海	深圳	广州	天津	南京	杭州	厦门	济南	沈阳
2000	0.56	0.78	0.74	0.70	0.82	0.87	0.85	0.83	0.86	0.82
2001	0.54	0.76	0.71	0.70	0.84	0.83	0.81	0.79	0.89	0.81
2002	0.56	0.75	0.73	0.70	0.85	0.85	0.83	0.71	1.04	0.81
2003	0.59	0.76	0.77	0.71	0.87	0.93	0.71	0.72	1.01	0.81
2004	0.57	0.75	0.81	0.68	0.81	0.96	0.85	0.80	0.95	0.75
2005	0.53	0.72	0.80	0.62	0.78	0.89	0.83	0.73	0.94	0.64
2006	0.54	0.70	0.79	0.62	0.79	0.89	0.85	0.80	0.94	0.64
2007	0.53	0.72	0.80	0.65	0.79	0.89	0.91	0.87	0.91	0.59
2008	0.52	0.68	0.79	0.65	0.77	0.87	0.89	0.87	0.82	0.61
2009	0.55	0.67	0.81	0.66	0.80	0.85	0.92	0.86	0.90	0.76
2010	0.55	0.65	0.77	0.68	0.83	0.85	0.88	0.82	0.84	0.74
2011	0.53	0.64	0.77	0.67	0.91	0.82	0.90	0.88	0.96	0.78
2012	0.51	0.64	0.58	0.66	0.91	0.79	0.85	0.93	0.87	0.77
2013	0.52	0.64	0.58	0.65	0.89	0.79	0.87	0.92	0.84	0.79
2014	0.54	0.65	0.56	0.68	0.94	0.79	0.86	0.94	0.83	0.82
2015	0.46	0.51	0.56	0.64	0.92	0.72	0.78	0.85	0.84	0.83
2016	0.46	0.54	0.63	0.62	0.96	0.79	0.79	0.88	0.84	0.89
2017	0.48	0.60	0.66	0.66	1.02	0.82	0.80	0.92	0.87	0.84
均值	0.53	0.68	0.71	0.66	0.86	0.84	0.89	0.84	0.90	0.76

资料来源：各城市的统计年鉴以及金融年鉴。

根据表 5.9 可知，从 2000~2017 年各城市金融业产值/GDP 变化来看，基本上呈现上升趋势。变化最大的是天津，2000~2017 年的标准差为0.0270，最小的是沈阳，标准差只有 0.0138。这 18 年间，金融业产值/GDP均值最大的是北京，为 0.14；最低的是沈阳，只有 0.0539。

表 5.9 金融业产值/GDP

年份	北京	上海	深圳	广州	天津	南京	杭州	厦门	济南	沈阳
2000	0.1300	0.1400	0.1300	0.0600	0.0300	0.0900	0.0600	0.0700	0.0400	0.0700
2001	0.1300	0.1000	0.1200	0.0600	0.0300	0.0900	0.0600	0.0600	0.0500	0.0500
2002	0.1300	0.1000	0.1000	0.0500	0.0300	0.0900	0.0600	0.0600	0.0600	0.0500
2003	0.1200	0.0900	0.0900	0.0500	0.0400	0.0800	0.0700	0.0500	0.0500	0.0400
2004	0.1200	0.0900	0.0800	0.0400	0.0400	0.0500	0.0600	0.0500	0.0600	0.0400
2005	0.1200	0.0700	0.0600	0.0400	0.0400	0.0500	0.0700	0.0500	0.0500	0.0300
2006	0.1200	0.0800	0.0800	0.0400	0.0400	0.0500	0.0700	0.0600	0.0600	0.0400
2007	0.1300	0.1000	0.1100	0.0500	0.0500	0.0600	0.0800	0.0700	0.0600	0.0500
2008	0.1300	0.1000	0.1200	0.0500	0.0500	0.0800	0.0800	0.0700	0.0600	0.0500
2009	0.1300	0.1200	0.1400	0.0600	0.0600	0.0800	0.1000	0.0700	0.0700	0.0500
2010	0.1300	0.1100	0.1400	0.0600	0.0600	0.0800	0.1000	0.0700	0.0700	0.0500
2011	0.1300	0.1200	0.1400	0.0700	0.0700	0.0900	0.1100	0.0700	0.0700	0.0500
2012	0.1400	0.1200	0.1300	0.0700	0.0900	0.1000	0.1000	0.0800	0.0900	0.0500
2013	0.1400	0.1300	0.1300	0.0700	0.0800	0.1000	0.1000	0.0800	0.0900	0.0600
2014	0.1500	0.1400	0.1300	0.0800	0.0900	0.1100	0.1000	0.0900	0.0900	0.0600
2015	0.1700	0.1600	0.1400	0.0900	0.1000	0.1100	0.0900	0.1100	0.1100	0.0700
2016	0.1700	0.1700	0.1400	0.0900	0.1000	0.1200	0.0900	0.1100	0.1100	0.0800
2017	0.1700	0.1700	0.1300	0.0900	0.1100	0.1200	0.0800	0.1100	0.1100	0.0800

续表

年份	北京	上海	深圳	广州	天津	南京	杭州	厦门	济南	沈阳
均值	0.1367	0.1172	0.1172	0.0622	0.0617	0.0861	0.0822	0.0739	0.0722	0.0539
标准差	0.0172	0.0297	0.0249	0.0170	0.0271	0.0225	0.0170	0.0197	0.0223	0.0138

资料来源：各城市的统计年鉴以及金融年鉴。

三、金融效率

金融作为一种社会性资源就会存在效率高低的问题。本书借鉴周国富（2007）提出的储蓄动员率，采用金融机构存款总额与 GDP 的比率来衡量金融体系中动员储蓄的效率，若金融效率越高，储蓄动员能力就越强，意味着金融系统把储蓄转化为投资过程中的遗漏的比例越低，也就是储蓄向投资的转化率就越高。同时使用金融对就业增长的贡献率、金融对第三产业增加值的贡献率以及金融对国内生产总值增长的贡献率来衡量金融机构或者金融部门对国民经济以及就业增加值的贡献率，若贡献率越高，即说明金融机构或者金融部门的效率越高。

根据表 5.10 可知，从金融机构存款总额/GDP 来看，北京从 2000 年的 3.59 升至了 2017 年的 5.14，遥遥领先其他城市。其他城市金融机构存款总额与 GDP 的比值也基本上呈现上升趋势。18 年间均值最大的是北京，为 4.35；均值最小的是天津，只有 1.58。变化最大的是上海，标准差为 0.59；最小的是广州，标准差只有 0.11。

表 5.10　　　　　　　　　金融机构存款总额/GDP

年份	北京	上海	深圳	广州	天津	南京	杭州	厦门	济南	沈阳
2000	3.59	1.94	2.39	2.21	1.34	1.83	1.12	1.09	1.32	1.59
2001	3.74	2.14	2.55	2.18	1.34	2.04	1.52	1.15	1.38	1.62
2002	3.97	2.42	2.63	2.33	1.56	2.17	1.72	1.26	1.69	1.72

续表

年份	北京	上海	深圳	广州	天津	南京	杭州	厦门	济南	沈阳
2003	4.01	2.56	2.44	2.3	1.69	2.26	2.03	1.32	1.81	1.79
2004	3.86	2.45	2.38	2.15	1.64	2.11	2.07	1.44	1.87	1.7
2005	4.06	2.49	1.92	2.14	1.54	2.12	2.11	1.63	1.89	1.75
2006	4.07	2.47	1.83	2.08	1.51	2.09	2.10	1.73	1.86	1.61
2007	3.74	2.39	1.87	2.05	1.55	2.11	2.10	1.74	1.62	1.48
2008	3.86	2.49	1.83	2.02	1.46	2.22	2.19	1.67	1.68	1.43
2009	4.59	2.92	2.24	2.27	1.82	2.59	2.58	1.98	1.90	1.59
2010	4.61	2.99	2.29	2.21	1.77	2.48	2.63	2.12	1.92	1.64
2011	4.51	2.98	2.18	2.11	1.53	2.29	2.39	1.92	1.90	1.53
2012	4.62	3.09	2.29	2.20	1.55	2.26	2.35	1.91	2.06	1.58
2013	4.51	3.11	2.27	2.16	1.59	2.25	2.40	2.08	2.09	1.71
2014	4.56	3.07	3.04	2.10	1.55	2.32	2.42	2.12	2.08	1.75
2015	5.43	4.04	3.21	2.34	1.68	2.68	2.83	2.51	2.22	1.93
2016	5.39	3.92	3.21	2.40	1.69	2.66	2.81	2.53	2.38	2.61
2017	5.14	3.67	3.10	2.39	1.67	2.63	2.74	2.44	2.30	2.72

资料来源：各城市的统计年鉴以及金融年鉴。

金融对就业增长的贡献率用金融就业人数增加值/就业增加值表示。根据表 5.11 可知，变化最大的是深圳，18 年间的标准差为 1.7249，最小的是广州，只有 0.0775（见表 5.10）。

金融对第三产业增长的贡献率来看，各个城市 2000～2017 年的变化如下表 5.12。北京、杭州和济南的贡献率一直为正数（见表 5.12）。

表 5.11　　金融就业人数增加值/就业增加值

年份	北京	上海	深圳	广州	天津	南京	杭州	厦门	济南	沈阳
2000	1.140	0.060	0.00	0.000	0.000	-0.0200	-0.030	0.030	-0.01	-0.110
2001	0.090	-0.010	-0.02	0.090	-0.170	-0.0100	-0.120	-0.160	0.01	0.030
2002	0.010	0.040	0.00	0.190	0.020	-0.0300	-0.010	-0.030	0.03	-0.010
2003	0.240	0.220	0.02	-0.020	0.060	-0.1600	-1.670	0.030	0.12	0.020
2004	0.010	-0.060	0.02	-0.010	-0.010	0.0900	0.390	-0.020	-0.01	-0.210
2005	-0.003	0.090	0.06	-0.010	0.020	-0.0400	0.010	0.010	-0.02	-0.004
2006	0.060	0.060	0.01	0.010	0.110	-0.0010	0.030	-0.020	0.76	0.040
2007	0.100	-0.002	0.03	0.020	0.020	0.1400	0.030	0.030	0.14	-0.060
2008	0.060	0.130	0.05	0.030	0.020	-0.0500	0.030	-0.020	0.14	0.100
2009	0.150	-0.100	0.01	0.020	0.004	-0.0030	0.030	0.010	0.24	0.060
2010	0.060	0.080	0.05	0.020	0.040	0.0600	0.020	0.010	0.09	-0.080
2011	0.140	0.320	0.30	0.110	0.020	0.0500	0.020	0.020	-0.03	0.040
2012	0.160	0.150	0.23	0.040	0.020	0.0002	0.050	0.030	0.05	-0.050
2013	0.030	0.010	-0.02	-0.210	0.050	-0.0004	0.002	0.002	0.03	0.020
2014	0.340	-0.470	-7.26	0.050	0.005	0.1000	0.050	0.250	0.26	0.230
2015	0.170	-0.160	0.11	-0.020	0.160	0.0200	-0.300	0.130	0.22	-0.050
2016	0.090	0.360	0.03	0.003	0.510	-0.0300	0.290	0.090	0.39	-0.020
2017	0.110	-0.120	-0.05	0.010	-0.290	-0.3900	-0.240	0.040	0.04	-0.100

资料来源：各城市的统计年鉴以及金融年鉴。

表 5.12　　　　　　　　　　金融业增加值/第三产业增加值

年份	北京	上海	深圳	广州	天津	南京	杭州	厦门	济南	沈阳
2000	0.10	0.29	0.28	0.03	-0.58	0.10	0.07	0.07	0.11	0.22
2001	0.14	-0.56	0.15	0.05	0.06	0.19	0.15	-0.01	0.16	-0.10
2002	0.15	0.18	0.06	—	0.08	0.12	0.19	0.14	0.17	0.03
2003	0.16	0.11	0.07	0.05	0.22	0.13	0.19	0.07	0.12	-0.03
2004	0.11	0.17	0.06	-0.03	0.17	-0.18	0.06	0.03	0.18	—
2005	0.16	-0.10	0.05	0.06	0.07	0.06	0.21	0.09	0.07	-0.06
2006	0.14	0.20	0.35	0.07	0.11	0.10	0.21	0.18	0.15	0.18
2007	0.22	0.29	0.48	0.16	0.29	0.27	0.19	0.19	0.16	0.25
2008	0.18	0.19	0.38	0.14	0.12	0.35	0.23	0.19		0.09
2009	0.10	0.36	0.31	0.15	0.18	0.11	0.40	0.14	0.28	0.18
2010	0.18	0.16	0.28	0.12	0.13	0.16	0.23	0.13	0.14	0.09
2011	0.19	0.24	0.24	0.17	0.19	0.23	0.24	0.22	0.15	0.16
2012	0.23	0.16	-0.20	0.12	0.52	0.27	0.08	0.18	0.30	0.11
2013	0.25	0.23	0.54	0.12	0.04	0.21	0.18	0.17	0.18	0.42
2014	0.31	0.38	0.07	0.32	0.23	0.23	—	0.25	0.25	0.29
2015	0.32	0.43	0.28	0.16	0.21	0.24	0.08	0.44	0.37	0.28
2016	0.20	0.25	0.22	0.13	0.14	0.21	0.04	0.13	0.22	0.23
2017	0.19	0.37	0.08	0.09	0.23	0.15	0.07	0.26	0.12	0.15

注：表中"—"表示统计数据缺失，下同。

资料来源：各城市的统计年鉴以及金融年鉴。

　　从金融对 GDP 增长的贡献率来看，2000～2017 年，北京、深圳、厦门、杭州和济南的贡献率一直为正数（见表 5.13）。

表 5.13　　　　　　　　　　金融业增加值/GDP 增加值

年份	北京	上海	深圳	广州	天津	南京	杭州	厦门	济南	沈阳
2000	0.08	0.18	0.10	0.03	-0.27	0.05	0.03	0.03	0.08	0.13
2001	0.11	-0.31	0.05	0.04	0.03	0.11	0.08	0.00	0.13	-0.07
2002	0.12	0.10	0.03	0.00	0.04	0.07	0.09	0.04	0.09	0.02

年份	北京	上海	深圳	广州	天津	南京	杭州	厦门	济南	沈阳
2003	0.10	0.04	0.02	0.02	0.08	0.05	0.08	0.02	0.05	-0.01
2004	0.07	0.08	0.02	-0.02	0.05	-0.08	0.02	0.01	0.07	0.00
2005	0.13	-0.06	0.03	0.03	0.03	0.03	0.11	0.05	0.03	-0.02
2006	0.12	0.11	0.18	0.04	0.05	0.05	0.11	0.12	0.07	0.08
2007	0.18	0.20	0.31	0.10	0.13	0.14	0.10	0.11	0.10	0.10
2008	0.16	0.13	0.21	0.09	0.05	0.22	0.11	0.13	0.06	0.03
2009	0.08	0.39	0.34	0.12	0.11	0.07	0.40	0.08	0.17	0.08
2010	0.13	0.07	0.14	0.06	0.06	0.09	0.10	0.05	0.08	0.04
2011	0.16	0.16	0.14	0.11	0.09	0.13	0.13	0.09	0.08	0.07
2012	0.19	0.17	0.11	0.10	0.27	0.16	0.06	0.13	0.20	0.05
2013	0.21	0.22	0.14	0.09	0.02	0.14	0.16	0.14	0.12	0.32
2014	0.26	0.32	0.17	0.23	0.14	0.18	0.00	0.20	0.15	0.17
2015	0.33	0.48	0.20	0.15	0.22	0.16	0.07	0.32	0.30	0.38
2016	0.17	0.24	0.15	0.12	0.18	0.15	0.03	0.12	0.18	0.05
2017	0.16	0.23	0.05	0.08	0.22	0.11	0.06	0.15	0.08	0.12

资料来源：各城市的统计年鉴以及金融年鉴。

四、金融深度

金融的深度反映国民经济金融化不断深化和加强的过程。可以用金融相关比率与保险深化率这两个指标表示。用银行存贷款总量/GDP 表示金融相关比率，可以看出，北京一直都是高于其他城市，由 2000 年 5.15 升至 2017 年的8.93。在 2017 年时，最低的是天津，只有 3.39 （见表 5.14）。

表 5.14　　　　　　　　　　银行存贷款总量/GDP

年份	北京	上海	深圳	广州	天津	南京	杭州	厦门	济南	沈阳
2000	5.15	4.34	3.28	3.77	1.95	3.42	2.73	1.41	2.48	2.61
2001	5.72	4.47	3.56	3.70	2.51	3.74	3.00	1.80	2.60	2.94

续表

年份	北京	上海	深圳	广州	天津	南京	杭州	厦门	济南	沈阳
2002	6.14	4.61	3.75	3.96	2.93	4.01	3.44	2.40	3.45	3.11
2003	6.33	4.51	3.66	4.26	3.02	4.36	4.03	2.72	3.64	3.43
2004	6.06	4.28	4.30	3.91	2.96	4.15	4.13	2.60	3.67	3.11
2005	6.99	4.28	3.45	3.73	2.74	4.00	4.18	2.83	3.65	2.86
2006	7.16	4.20	3.26	3.60	2.71	3.95	4.20	3.11	3.61	2.63
2007	5.72	4.10	4.01	3.39	2.78	3.98	4.32	3.25	3.15	2.35
2008	5.88	4.19	3.27	3.35	2.59	4.16	4.45	3.13	3.08	2.30
2009	6.92	4.86	4.05	3.77	3.29	4.79	5.36	3.68	3.76	2.80
2010	7.14	4.96	4.04	3.70	3.25	4.58	5.40	3.85	3.74	2.84
2011	7.42	4.88	3.85	3.52	2.92	4.17	4.97	3.60	3.72	2.77
2012	7.56	5.09	3.98	3.66	2.96	4.05	4.88	3.69	3.86	2.80
2013	7.34	5.11	3.91	3.57	3.01	4.02	4.94	3.99	3.85	3.07
2014	7.56	5.06	3.97	3.53	3.01	4.15	4.97	4.11	3.81	3.21
2015	8.32	6.12	4.11	3.83	3.22	4.61	5.29	4.65	4.19	3.52
2016	8.58	6.05	4.53	3.90	3.30	4.75	5.26	4.77	4.38	4.92
2017	8.93	5.87	4.62	3.92	3.39	4.77	5.20	4.69	4.39	5.05

资料来源：各城市的统计年鉴以及金融年鉴。

用保费收入/GDP 表示保险深化率。从表 5.15 可以看出，2000～2017 年，保费收入占 GDP 比重平均值最大的是北京，为 0.055；最低的是天津，只有 0.024。变化最大的是沈阳，标准差为 0.012；最小的是天津，其标准差只有 0.005。

表 5.15　　　　　　　　　　　**保费收入/GDP**

年份	北京	上海	深圳	广州	天津	南京	杭州	厦门	济南	沈阳
2000	0.03	0.03	0.02	0.02	0.02	0.02	0.05	0.02	0.01	0.02
2001	0.04	0.03	0.03	0.03	0.02	0.03	0.05	0.02	0.02	0.02
2002	0.05	0.04	0.03	0.03	0.03	0.04	0.04	0.03	0.02	0.03
2003	0.06	0.04	0.03	0.03	0.03	0.04	0.03	0.03	0.03	0.03

年份	北京	上海	深圳	广州	天津	南京	杭州	厦门	济南	沈阳
2004	0.05	0.04	0.03	0.03	0.03	0.03	0.03	0.02	0.02	0.03
2005	0.07	0.04	0.02	0.03	0.02	0.03	0.03	0.02	0.02	0.03
2006	0.05	0.04	0.02	0.03	0.02	0.03	0.03	0.02	0.02	0.02
2007	0.05	0.04	0.03	0.03	0.03	0.03	0.03	0.03	0.03	0.02
2008	0.05	0.04	0.03	0.04	0.03	0.03	0.03	0.03	0.03	0.03
2009	0.06	0.04	0.03	0.04	0.02	0.04	0.03	0.03	0.03	0.03
2010	0.07	0.05	0.04	0.04	0.02	0.04	0.03	0.04	0.03	0.03
2011	0.05	0.04	0.03	0.03	0.02	0.03	0.02	0.03	0.03	0.02
2012	0.05	0.04	0.03	0.03	0.02	0.03	0.02	0.03	0.03	0.02
2013	0.05	0.04	0.03	0.03	0.02	0.03	0.02	0.03	0.03	0.03
2014	0.06	0.04	0.03	0.04	0.02	0.03	0.03	0.03	0.03	0.03
2015	0.06	0.04	0.04	0.04	0.02	0.04	0.03	0.04	0.04	0.03
2016	0.07	0.05	0.04	0.06	0.03	0.05	0.02	0.04	0.05	0.06
2017	0.07	0.05	0.05	0.05	0.03	0.06	0.02	0.05	0.05	0.06

资料来源：各城市的统计年鉴以及金融年鉴。

五、金融发展生态

金融生态应该指包括政治、监管、经济、法律体制、服务等金融所处的社会外部环境。我们用以下三个指标来表示。

用地区进出口额/GDP 代表对外开放程度。从表 5.16 可以看出，深圳市的对外开放程度较高，但呈现下降趋势，由 2000 年的 3.18 降至 2017 年的 1.24。18 年间均值最高的是深圳，为 2.545；最低的是济南，只有 0.133。变化最大的是深圳，2000～2017 年间，其地区进出口额/GDP 的标准差为 0.725；最低的也是济南，标准差只有 0.030。

表 5.16　　　　　　　　　　地区进出口额/GDP

年份	北京	上海	深圳	广州	天津	南京	杭州	厦门	济南	沈阳
2000	1.27	0.94	3.18	0.77	0.83	0.70	0.63	1.66	0.13	0.21

续表

年份	北京	上海	深圳	广州	天津	南京	杭州	厦门	济南	沈阳
2001	1.13	0.96	2.91	0.67	0.78	0.65	0.60	1.64	0.12	0.20
2002	0.99	1.04	3.20	0.72	0.88	0.6	0.61	1.94	0.10	0.18
2003	1.11	1.38	3.36	0.77	0.94	0.72	0.72	2.04	0.12	0.23
2004	1.27	1.62	3.56	0.83	1.11	0.82	0.80	2.22	0.16	0.24
2005	1.44	1.63	3.02	0.84	1.11	0.90	0.83	2.30	0.17	0.18
2006	1.52	1.69	3.26	0.83	1.14	0.88	0.90	2.20	0.16	0.17
2007	1.46	1.70	3.21	0.78	1.02	0.81	0.80	2.13	0.19	0.15
2008	1.66	1.57	2.68	0.68	0.82	0.73	0.70	1.94	0.19	0.13
2009	1.18	1.24	2.25	0.57	0.57	0.54	0.54	1.68	0.12	0.10
2010	1.41	1.43	2.45	0.65	0.60	0.59	0.59	1.84	0.13	0.11
2011	1.51	1.45	2.32	0.60	0.58	0.59	0.59	1.75	0.15	0.12
2012	1.40	1.34	2.28	0.54	0.56	0.48	0.50	1.64	0.12	0.12
2013	1.31	1.23	2.22	0.47	0.54	0.42	0.48	1.70	0.11	0.13
2014	1.16	1.19	1.82	0.47	0.52	0.39	0.45	1.54	0.11	0.14
2015	0.84	1.10	1.53	0.46	0.42	0.34	0.41	1.47	0.09	0.12
2016	0.73	1.02	1.32	0.43	0.38	0.31	0.40	1.33	0.11	0.14
2017	0.78	1.05	1.24	0.45	0.41	0.35	0.40	1.33	0.11	0.15

资料来源：各城市的统计年鉴以及金融年鉴。

用城镇居民人均可支配收入与人均社会消费品总额表示社会经济基础。从表5.17可以看出，2000～2017年，城镇居民人均可支配收入均值最高的是南京，为32665.02元/人；最低的是上海，为17446.62元/人。变化最大的是上海，标准差为15442.37元/人；最小的是天津，为8764.106元/人。在2017年，在这10个城市中，城镇居民人均可支配收入最高的是上海，为58988元/人。从表5.18可以看出，2000～2017年，10个城市的人均社会消费品总额基本上呈现上升趋势。人均社会消费品总额均值最高的是深圳，为23474.8元/人；最低的是济南，为11576.04元/人。变化最大的是上海，标准差为9924.561元/人；最小的是济南，为6459.576元/人。在2017年，在这10个城市中人均社会消费品总额最高的是上海，为39792元/人。

表5.17

城镇居民人均可支配收入

单位：元/人

年份	北京	上海	深圳	广州	天津	南京	杭州	厦门	济南	沈阳
2000	10349.7	11718	20905.68	11038.38	6542.44	6431.31	6637.46	10813	5048.99	5044.74
2001	11577.8	12883	22759.92	11716.57	7245.69	6968.11	7433.55	11365	5695.73	5464.94
2002	12463.9	13250	24940.68	10961.79	7683.47	7337.03	8110.23	11768	6705.42	6049.65
2003	13882.6	14867	25935.84	13786.48	8504.10	9003.44	8977.03	12915	7391.49	6834.70
2004	15637.8	16683	27596.40	15727.58	9472.50	10448.25	10252.00	14443	8272.84	7725.34
2005	17653.0	18645	21494.40	17110.09	10456.86	12912.77	11685.27	16403	9658.23	8826.59
2006	19978.0	20668	22567.08	18604.99	11758.07	16327.31	13402.23	18513	11013.53	10171.37
2007	21989.0	23623	24301.38	21052.24	13354.00	17466.56	15394.65	21503	12986.00	12701.54
2008	24725.0	26675	26729.31	23806.59	15591.74	19856.35	17436.40	23948	15097.29	14863.86
2009	26738.0	28838	29244.52	25925.26	17227.06	21930.45	19624.52	26131	16623.64	16197.65
2010	29073.0	31838	32380.86	28822.94	19467.09	24617.44	22116.13	29253	18773.66	18130.10
2011	32903.0	36230	36505.04	32491.23	21150.90	28330.05	25417.18	33565	21706.88	20814.99
2012	36469.0	40188	40741.88	36029.57	23534.99	32064.33	28253.71	37576	24696.94	23730.26
2013	40321.0	43851	44653.10	39844.40	23933.92	35327.75	32198.69	41360	27386.47	26183.72
2014	43910.0	47710	40947.96	40668.96	26209.17	37815.74	35459.55	39625	30138.38	28628.58
2015	48458.0	49867	44633.28	41177.65	28468.91	41152.49	39686.63	42607	31270.30	32137.86
2016	52530.0	54305	48695.04	44969.91	30977.76	44805.62	43208.45	46254	33909.00	34207.74
2017	57230.0	58988	52938.00	48917.23	33701.98	48976.17	46961.85	50019	36872.20	36325.53

资料来源：各城市的统计年鉴以及金融年鉴。

表 5.18　人均社会消费品总额

单位：元/人

年份	北京	上海	深圳	广州	天津	南京	杭州	厦门	济南	沈阳
2000	8493.5	8868	16306.68	8786.80	4614.29	5082.03	4998.78	7969	3790.91	4181.04
2001	8922.7	9336	17024.76	8912.01	5176.62	5333.55	5820.94	8490	4169.87	4472.87
2002	10285.8	10464	18925.92	8592.63	5376.95	5441.41	6332.14	8504	4959.63	4919.75
2003	11123.8	11040	19960.32	10548.82	5895.95	6282.36	7114.25	9459	5417.79	5444.92
2004	12200.4	12631	19569.60	12132.38	6580.44	7010.73	8038.43	10739	5694.04	5946.52
2005	13244.2	13773	15911.88	13515.06	7220.07	9200.47	9353.10	11849	6398.60	6661.96
2006	14825.0	14762	16628.16	14431.30	7872.52	10647.61	10420.90	14162	7510.84	7380.40
2007	15330.0	17255	18474.49	17661.53	8904.87	11632.68	11096.58	16380	8702.06	9446.44
2008	16460.0	19398	19779.09	19471.17	9954.25	13265.95	12606.18	17117	9917.95	12234.37
2009	17893.0	20992	21526.10	21285.74	10957.86	14340.27	14008.36	17990	10663.53	13463.51
2010	19934.0	23200	22806.54	23376.31	12329.56	16393.00	15541.65	19961	11759.31	14308.71
2011	21984.0	25102	24080.03	26413.10	13932.81	18272.63	17809.42	22314	13325.36	15548.78
2012	24046.0	26253	26727.68	28631.62	15590.10	21045.67	18649.71	24922	16901.51	17303.98
2013	26275.0	28155	28812.44	31113.29	18671.51	21840.29	24180.54	26864	16552.33	19272.86
2014	28009.0	30520	28852.80	31530.60	20433.61	23367.54	25920.49	27403	15923.31	21114.33
2015	33803.0	34784	33359.20	31732.97	22086.43	25235.94	28286.84	28929	20365.90	22660.56
2016	35416.0	37458	36480.60	34186.53	23869.12	27252.18	30094.19	30867	22220.50	24165.22
2017	37425.0	39792	38320.08	36227.90	25350.21	28864.87	32349.88	32009	24095.20	26184.16

资料来源：各城市的统计年鉴以及金融年鉴。

第四节　基于多指标面板数据因子分析的
金融发展水平的测算

一、数据来源

结合前文所建立的指标体系，本节主要以不同城市的金融发展水平为研究对象，选取 2000～2017 年中国 10 个城市数据作为研究样本，采用多指标面板数据的因子分析法，运用 SPSS 23.0 软件，分别对中国 10 个城市的金融发展水平进行评价。数据来源于 2000～2018 年各城市的统计年鉴以及金融年鉴，极个别缺失数据使用插值法补充。

二、数据处理

由于不同指标间的数据存在量纲以及性质上的差异，在进行因子分析之前需要对金融规模、金融结构、金融效率、金融深度以及金融发展生态五个维度的数据进行处理。在数据量纲方面，为使得各评价指标之间能够进行相关运算的比较，需要消除指标量纲不同的影响。所以要对原始数据进行标准化处理：

$$X_{ij}^* = \frac{X_{ij} - \overline{X}_j}{S_j} \tag{5.1}$$

其中，$\overline{X}_j$ 和 S_i 分别是第 j 个变量的样本均值和样本的标准差，X_{ij}^* 是标准化的数据。以此消除各指标间量纲不同无法比较的问题。本章运用 SPSS 23.0 软件中的 Z-Score 方法，将样本数据处理为均值是 0，方差是 1 的标准化数据，处理后的数据见附录 A。

（一）适合度检验

在样本数据进行标准化后，还要对数据进行适合度检验，目的是为了观察样本数据是否适合进行因子分析，当样本数据之间存在一定的相关关系时，则适合做因子分析。常规的检验方法有 KMO 和 Bartlett[①] 球形检验，当 KMO 检验的结果大于 0.5 并且 Bartlett 球形检验拒绝原假设时则该样本数据适合做因子分析。因此本书采用 KMO 和 Bartlett 球形检验对所选城市的金融发展水平样本数据进行检验。结果显示 KMO 检验的检验值为 0.818 > 0.5，而 Bartlett 球形检验的近似卡方值为 4555.486，其对应的 $P = 0$，在显著性水平为 0.01 上拒绝原假设，认为变量之间存在较强的相关关系。以上结果说明 2000～2017 年中国 10 个城市的面板数据间的相关性较强，可以采用因子分析法确定权重。

（二）构造因子

本节采用标准化处理后的样本数据，运用主成分分析的方法对样本数据进行再处理，并计算样本数据之间的相关系数矩阵。随后，对特征值大于 1 的因子进行提取，得出它们的特征值和贡献率，并做直交转轴决定因子载荷量。结果显示见表 5.19。2000～2017 年中国 10 个城市金融发展评价指标体系的公因子均有 4 个：成分 1、成分 2、成分 3、成分 4，且贡献率为 78.382% > 75%，表明提取的公因子能较好地替代原指标。

表 5.19　　　　　　　　　　公因子解释的总方差　　　　　　　　　单位：%

成分	初始特征值			提取载荷平方和			旋转载荷平方和		
	总计	方差百分比	累积百分比	总计	方差百分比	累积百分比	总计	方差百分比	累积百分比
1	8.855	52.088	52.088	8.855	52.088	52.088	7.787	45.807	45.807

---

① KMO 是 Kaiser-Meyer-Olkin 的缩写，指统计量检验，用于比较变量间简单相关系数和偏相关系数的指标；Bartlett 汉语译作"巴特利球形检验"，用于检验相关阵是否为单位阵，即检验各个变量是否各自独立。

续表

成分	初始特征值			提取载荷平方和			旋转载荷平方和		
	总计	方差百分比	累积百分比	总计	方差百分比	累积百分比	总计	方差百分比	累积百分比
2	1.778	10.459	62.547	1.778	10.459	62.547	2.555	15.028	60.835
3	1.500	8.821	71.368	1.500	8.821	71.368	1.512	8.895	69.729
4	1.192	7.014	78.382	1.192	7.014	78.382	1.471	8.652	78.382
5	0.967	5.690	84.072						
6	0.891	5.240	89.312						
7	0.617	3.628	92.941						
8	0.499	2.937	95.877						
9	0.245	1.442	97.319						
10	0.164	0.965	98.285						
11	0.118	0.693	98.978						
12	0.062	0.366	99.344						
13	0.056	0.330	99.674						
14	0.023	0.136	99.809						
15	0.014	0.080	99.889						
16	0.010	0.061	99.950						
17	0.009	0.050	100.000						

从表5.19中可以知，特征值大于1的因子总共有4个，累积方差贡献率的数值为78.382% > 75%。4个因子数值分别为8.855、1.778、1.500和1.192，因此可以认为4个特征值大于1的因子可以作为原始变量替代，进而用于评价2000~2017年中国10个城市的金融发展水平。其中，特征值大于1的4个因子各自的方差贡献率的数值分别为52.088%、10.495%、8.821%、7.014%。运用旋转平方载入后，该4个因子的累积方差贡献率仍然是76.501%，各自的方差贡献率的数值分别为45.807%、15.028%、8.895%、8.652%，且4个因子的顺序没有发生变化，第一因子的解释能力仍是最强

的。因此，本书最终提取出 4 个公因子作为原 17 个指标变量的替代变量，实现了评价指标的降维。除此以外，碎石图可以更为直观地反映特征值和累积的方差贡献率变化，具体变化情况如图 5.1 所示。

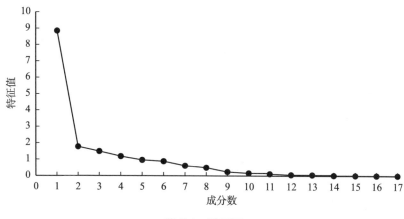

图 5.1 碎石图

在图 5.1 中，因子的序号在横坐标中显示，不同因子的特征值则在纵坐标中显示。通常情况下，碎石图中的线段越陡峭，表明这段线段所对应的因子也越重要，其反映原始变量内在含义的能力也越强。从图 5.1 中不难看出，有 4 个因子的特征值是大于 1 的，且第一和第二个因子间连线的线段最为陡峭，之后第二和第四个因子间连线的线段也比较陡峭。其余因子的特征值不仅低于 1 而且这些因子间的连线都较为平缓，也就是说明本章提取出的公因子就是这 4 个因子。

从表 5.20 中可以看出，17 个原始变量运用因子分析法后的初始解数值均为 1，这就意味着如果对该 17 个原始变量提取所有范围的特征值，那么这 17 个原始变量能够完全解释该评价指标体系的所有方差。但是，运用因子分析法的目的是为了降维，不可以提取所有的特征值，所以本书只提取特征值大于 1 的因子。最终提取后 17 个变量的共同度均小于 1，除地区进出口额/GDP 和金融就业人数增加值/就业增加值的共同度为 39.6% 和 42.8%，信息损失较多，其余 15 个变量的共同度都基本维持在 70% 左右，甚至有些变量达到 85% 以上，提取效果理想。

表 5.20   变量的共同度

评价指标变量	初始	提取
1. 证券营业部数量（家）y_1	1	0.724
2. 境内上市公司数（家）y_2	1	0.875
3. 保险费收入（亿元）y_3	1	0.867
4. 金融机构本外币存款总额（万元）y_4	1	0.907
5. 银行贷款总额/GDP y_5	1	0.829
6. 金融业从业人员数量（人）y_6	1	0.842
7. 金融机构的存贷比 y_7	1	0.705
8. 金融业产值/GDP y_8	1	0.785
9. 金融机构存款总额/GDP y_9	1	0.887
10. 金融就业人数增加值/就业增加值 y_{10}	1	0.428
11. 金融业增加值/第三产业增加值 y_{11}	1	0.888
12. 金融业增加值/GDP 增加值 y_{12}	1	0.891
13. 银行存贷款总量/GDP y_{13}	1	0.899
14. 保费收入/GDP y_{14}	1	0.732
15. 地区进出口额/GDP y_{15}	1	0.396
16. 城镇居民人均可支配收入（元/人）y_{16}	1	0.839
17. 人均社会消费品总额（元/人）y_{17}	1	0.832

（三）旋转因子

表 5.21 和表 5.22 分别表示 2000～2017 年中国 10 个城市样本数据的初始因子载荷矩阵和方差极大正交旋转载荷矩阵。

表5.21 初始因子载荷矩阵

变量	成分			
	1	2	3	4
1. 证券营业部数量（家）y_1	0.792	−0.140	−0.261	—
2. 境内上市公司数（家）y_2	0.910	−0.118	−0.145	0.114
3. 保险费收入（亿元）y_3	0.926	—	—	—
4. 金融机构本外币存款总额（万元）y_4	0.944	−0.101	—	—
5. 银行贷款总额/GDP y_5	0.714	−0.149	0.540	—
6. 金融业从业人员数量（人）y_6	0.878	−0.169	—	−0.191
7. 金融机构的存贷比 y_7	−0.636	0.330	0.414	0.143
8. 金融业产值/GDP y_8	0.878	0.117	—	—
9. 金融机构存款总额/GDP y_9	0.876	−0.252	0.110	−0.210
10. 金融就业人数增加值/就业增加值 y_{10}	—	—	0.267	−0.596
11. 金融业增加值/第三产业增加值 y_{11}	0.363	0.832	—	−0.247
12. 金融业增加值/GDP 增加值 y_{12}	0.538	0.750	—	−0.192
13. 银行存贷款总量/GDP y_{13}	0.840	−0.227	0.310	−0.215
14. 保费收入/GDP y_{14}	—	−0.119	0.692	0.484
15. 地区进出口额/GDP y_{15}	0.281	0.124	−0.515	0.190
16. 城镇居民人均可支配收入（元/人）y_{16}	0.785	0.282	—	0.372
17. 人均社会消费品总额（元/人）y_{17}	0.775	0.274	—	0.394

表5.22 方差极大正交旋转载荷矩阵

变量	成分			
	1	2	3	4
1. 证券营业部数量（家）y_1	0.772	—	0.327	−0.109
2. 境内上市公司数（家）y_2	0.868	0.163	0.310	—
3. 保险费收入（亿元）y_3	0.881	0.222	0.196	—
4. 金融机构本外币存款总额（万元）y_4	0.913	0.220	0.158	—
5. 银行贷款总额/GDP y_5	0.711	0.172	−0.223	0.494

续表

变量	成分			
	1	2	3	4
6. 金融业从业人员数量（人）y_6	0.900	0.160	—	—
7. 金融机构的存贷比 y_7	−0.734	0.114	−0.149	0.362
8. 金融业产值/GDP y_8	0.770	0.405	0.155	—
9. 金融机构存款总额/GDP y_9	0.926	0.106	−0.112	—
10. 金融就业人数增加值/就业增加值 y_{10}	—	—	−0.642	—
11. 金融业增加值/第三产业增加值 y_{11}	—	0.934	—	—
12. 金融业增加值/GDP 增加值 y_{12}	0.256	0.907	—	—
13. 银行存贷款总量/GDP y_{13}	0.881	0.139	−0.217	0.239
14. 保费收入/GDP y_{14}	—	—	—	0.848
15. 地区进出口额/GDP y_{15}	0.198	0.123	0.479	−0.334
16. 城镇居民人均可支配收入（元/人）y_{16}	0.567	0.474	0.453	0.295
17. 人均社会消费品总额（元/人）y_{17}	0.559	0.456	0.485	0.277

从表 5.21 中可以看出，经过主成分分析提取出的 4 个因子在 17 个变量上的载荷分化结果并不显著，即提取出的 4 个初始因子对变量的解释并不够好。因此，为提高因子分析法提取出的公因子对所评价变量的解释强度，本节采用正交旋转的方法，将现有的横纵坐标进行变换处理。通过正交旋转的方法可以更好将方差的解释比例分配在所提取出的公因子中，正交旋转后的结果如表 5.22 所示。随后，在正交旋转的基础上，要根据不同变量在不同因子下因子载荷值的大小对 17 个原始变量进行分类。通常情况下，一个变量因子载荷的绝对值越大，那么该变量在这个因子中的重要性越强，其解释该因子的能力也越大。

假设（F_i=1，2，3，4）表示所提取出的 4 个公因子，则 4 个公因子可以分别表示为 F_1、F_2、F_3、F_4。

第一公因子 F_1 在上 y_1、y_2、y_3、y_4、y_5、y_6、y_7、y_8、y_9、y_{13}、y_{16}、y_{17}

的系数分别为 0.772、0.868、0.881、0.913、0.711、0.900、-0.734、0.770、0.926、0.881、0.567 和 0.559，这就意味着证券营业部数量、境内上市公司数、保险费收入、金融机构本外币存款总额、银行贷款总额/GDP、金融业从业人员数量、金融机构的存贷比、金融业产值/GDP、金融机构存款总额/GDP、银行存贷款总量/GDP、城镇居民人均可支配收入和人均社会消费品总额这 12 个变量可以由第一公因子进行解释。

同理，第二公因子 F_2 在 y_{11}、y_{12} 上的系数分别为 0.934、0.907，这就意味着金融业增加值/第三产业增加值、金融业增加值/GDP 增加值这两个变量可以由第二公因子进行解释。

第三公因子 F_3 在 y_{10}、y_{15} 上的系数为 -0.642、0.479，这就意味着保费收入/GDP 变量可以由第三公因子进行解释。

第四公因子 F_4 在 y_{14} 上的系数为 0.848，这就意味着金融就业人数增加值/就业增加值、地区进出口额/GDP 这两个变量可以由第四公因子进行解释。

（四）指数的构建

运用回归法（regression）得出因子得分系数矩阵，计算 2000～2017 年中国 10 个城市的金融发展水平指数，因子得分系数矩阵如表 5.23 所示。

表 5.23 因子得分系数矩阵

变量	成分			
	1	2	3	4
1. 证券营业部数量（家）y_1	0.103	-0.074	0.157	-0.100
2. 境内上市公司数（家）y_2	0.106	-0.052	0.137	-0.025
3. 保险费收入（亿元）y_3	0.111	-0.016	0.046	-0.005
4. 金融机构本外币存款总额（万元）y_4	0.123	-0.018	0.011	-0.040
5. 银行贷款总额/GDP y_5	0.106	-0.001	-0.226	0.291
6. 金融业从业人员数量（人）y_6	0.150	-0.035	-0.107	-0.107
7. 金融机构的存贷比 y_7	-0.156	0.159	-0.021	0.283

变量	成分			
	1	2	3	4
8. 金融业产值/GDP y_8	0.070	0.096	0.014	-0.003
9. 金融机构存款总额/GDP y_9	0.166	-0.062	-0.187	-0.009
10. 金融就业人数增加值/就业增加值 y_{10}	0.067	0.090	-0.510	-0.094
11. 金融业增加值/第三产业增加值 y_{11}	-0.100	0.482	-0.121	-0.091
12. 金融业增加值/GDP 增加值 y_{12}	-0.072	0.438	-0.084	-0.066
13. 银行存贷款总量/GDP y_{13}	0.155	-0.036	-0.254	0.103
14. 保费收入/GDP y_{14}	-0.037	-0.071	0.108	0.603
15. 地区进出口额/GDP y_{15}	-0.012	0.013	0.318	-0.219
16. 城镇居民人均可支配收入（元/人）y_{16}	-0.021	0.133	0.276	0.196
17. 人均社会消费品总额（元/人）y_{17}	-0.023	0.123	0.301	0.186

假设 $FLI_j(j=1，2，3，4)$ 分别表示原始 17 个变量在运用因子分析法后提取出的 4 个公因子上的得分，其具体表达式如下所示。其中，表达式中所用的权重源于 17 个原始变量在 4 个公因子上的不同得分。

$$FLI_1 = 0.103y_1 + 0.106y_2 + 0.111y_3 + 0.123y_4 + 0.106y_5 + 0.15y_6$$
$$-0.156y_7 + 0.07y_8 + 0.166y_9 + 0.067y_{10} - 0.1y_{11} - 0.072y_{12}$$
$$+0.155y_{13} - 0.037y_{14} - 0.012y_{15} - 0.021y_{16} - 0.023y_{17} \qquad (5.2)$$

$$FLI_2 = -0.074y_1 - 0.052y_2 - 0.016y_3 - 0.018y_4 - 0.001y_5$$
$$-0.035y_6 + 0.159y_7 + 0.096y_8 - 0.062y_9 + 0.09y_{10}$$
$$+0.482y_{11} + 0.438y_{12} - 0.036y_{13} - 0.071y_{14}$$
$$+0.013y_{15} + 0.133y_{16} + 0.123y_{17} \qquad (5.3)$$

$$FLI_3 = 0.157y_1 + 0.137y_2 + 0.046y_3 + 0.011y_4 - 0.226y_5 - 0.107y_6$$
$$-0.021y_7 + 0.014y_8 - 0.187y_9 - 0.51y_{10} - 0.121y_{11} - 0.084y_{12}$$
$$-0.254y_{13} + 0.108y_{14} + 0.318y_{15} + 0.276y_{16} + 0.301y_{17} \qquad (5.4)$$

$$FLI_4 = -0.1y_1 - 0.025y_2 - 0.005y_3 - 0.04y_4 + 0.291y_5 - 0.1107y_6$$

$$+0.283y_7 - 0.003y_8 - 0.009y_9 - 0.094y_{10} - 0.091y_{11}$$
$$-0.066y_{12} + 0.103y_{13} + 0.603y_{14} - 0.219y_{15}$$
$$+0.196y_{16} + 0.186y_{17} \tag{5.5}$$

其中，y_1，y_2，y_3，…，y_{17}这17个原始指标变量所用的数据来源于经过标准化处理之后的数据。随后，采用4个公因子经旋转后各自方差贡献率数值与总方差贡献率数值的比值作为权重，计算评价2000~2017年中国10个城市金融发展水平的指数，具体表达公式如下所示：

$$FLI = \frac{45.807FLI_1 + 15.028FLI_2 + 8.895FLI_3 + 8.652FLI_4}{45.807 + 15.028 + 8.895 + 8.652} \tag{5.6}$$

第五节　金融发展水平评价结果分析

下文将对本章所得出的2000~2017年中国10个城市的指数进行详细深入的分析。表5.24更为直观的分析评价金融发展水平的指数近18年的变化。

表5.24　中国10个城市评价金融发展水平的指数及排名

年份		北京	上海	深圳	杭州	广州	南京	厦门	天津	沈阳	济南
2017	排名	1	2	3	4	5	6	7	8	9	10
	指数	2.100	1.752	0.981	0.534	0.500	0.373	0.163	0.144	0.077	0.001
2016	排名	1	2	3	5	4	6	7	8	9	10
	指数	1.980	1.625	0.940	0.411	0.468	0.279	0.113	0.025	-0.019	-0.019
2015	排名	1	2	3	4	5	6	7	8	10	9
	指数	1.839	1.575	0.802	0.361	0.325	0.209	0.152	-0.011	-0.107	-0.063
2014	排名	1	2	3	5	4	6	7	8	10	9
	指数	1.449	1.191	1.119	0.166	0.247	0.070	-0.049	-0.117	-0.266	-0.222
2013	排名	1	2	3	4	5	6	7	8	10	9
	指数	1.303	1.000	0.632	0.176	0.148	-0.010	-0.080	-0.219	-0.264	-0.254

续表

年份		北京	上海	深圳	杭州	广州	南京	厦门	天津	沈阳	济南
2012	排名	1	2	3	5	4	6	8	7	10	9
	指数	1.234	0.895	0.500	0.051	0.086	-0.037	-0.169	-0.154	-0.421	-0.253
2011	排名	1	2	3	4	5	6	7	8	10	9
	指数	1.070	0.808	0.388	0.046	0.013	-0.117	-0.210	-0.320	-0.461	-0.401
2010	排名	1	2	3	4	5	6	7	8	10	9
	指数	0.932	0.718	0.361	0.031	-0.055	-0.160	-0.228	-0.309	-0.476	-0.401
2009	排名	1	2	3	4	5	6	7	8	10	9
	指数	0.723	0.706	0.297	0.033	-0.098	-0.188	-0.295	-0.335	-0.498	-0.421
2008	排名	1	2	3	5	4	6	7	8	10	9
	指数	0.596	0.465	0.142	-0.210	-0.199	-0.218	-0.347	-0.444	-0.547	-0.546
2007	排名	1	2	3	5	4	6	7	8	9	10
	指数	0.488	0.398	0.171	-0.272	-0.244	-0.341	-0.370	-0.417	-0.523	-0.584
2006	排名	1	2	3	4	5	7	6	8	9	10
	指数	0.474	0.294	-0.012	-0.299	-0.308	-0.422	-0.403	-0.518	-0.581	-0.641
2005	排名	1	2	3	5	4	6	7	8	10	9
	指数	0.435	0.171	-0.130	-0.328	-0.321	-0.457	-0.475	-0.540	-0.639	-0.634
2004	排名	1	2	3	5	4	7	8	6	10	9
	指数	0.279	0.220	0.053	-0.438	-0.365	-0.559	-0.559	-0.519	-0.626	-0.625
2003	排名	1	2	3	4	5	6	7	8	9	10
	指数	0.265	0.169	0.017	-0.258	-0.337	-0.414	-0.540	-0.546	-0.633	-0.682
2002	排名	1	2	3	6	4	5	7	8	9	10
	指数	0.207	0.144	0.054	-0.493	-0.408	-0.446	-0.560	-0.595	-0.649	-0.703
2001	排名	1	3	2	6	4	5	8	7	9	10
	指数	0.126	-0.095	0.037	-0.550	-0.407	-0.453	-0.669	-0.628	-0.710	-0.752
2000	排名	3	1	2	7	4	5	8	10	6	9
	指数	-0.032	0.106	0.038	-0.654	-0.401	-0.539	-0.718	-0.798	-0.627	-0.798

从整体上看，2000～2017 年中国 10 个城市的金融发展水平指数基本呈

现上升的趋势,即地区的金融发展水平不断提高。从表5.24可以明显看出,在2008年和2014年均有一个比较快的增长。横向比较可以看出北京、上海、深圳和杭州的指数增长速度最快,且与其他城市的差距不断拉大。这很可能是因为这些城市都是资源的聚集地,经济的发展吸引先进的技术和人才以及大量的资金不断流入,而这些资源会使得工业和服务业不断发展从而带动金融业的发展。下文将进一步探讨影响金融发展水平的因素。

第六章

金融发展水平主要影响
因素的影响机制分析

为了寻找影响我国金融发展的主要因素，一方面，可以从前文的各种金融发展理论中寻找；另一方面，可以结合前文我国金融发展现状来寻找。

首先，早期的金融发展理论与内生金融发展理论认为，经济因素是影响一国金融发展的主要因素。改革开放以来，我国经济快速发展，取得了举世瞩目的成就。在此背景下，更需要重点来研究我国经济因素对金融发展的影响。

其次，通过对最新的金融发展理论分析，发现政治、科技和开放等因素也是影响金融发展的重要因素。近几年，我国科技迅速进步，对外开放稳步推进，金融监管进一步完善对我国金融发展势必会产生影响。

由上一章的评价结果可以知道，虽然金融发展水平基本呈现逐年上升的趋势，但地区间的发展水平存在明显的"异质性"。因此，为了解究竟是哪些因素影响着这些地区的金融发展水平，本章采用上一章测算出的金融发展水平指数作为被解释变量，从经济因素、工业进程、政府政策、科技发展和对外开放五个角度出发，分析影响金融发展水平的关键因素。

第一节　经济发展对金融发展水平的影响机制分析

金融发展必须以经济发展为基础，金融发展与经济发展是直接相关的。经济发展将会使更多人认识和使用金融产品。通常，市场化程度较高，产业经济发展好的地区，其金融效率将会提高。因此，经济发展对于金融发展有着重要的作用。

1966 年，帕特里克首次在"需求导向型"的金融深化理论中提出，金融发展是实体经济发展的结果。他指出，经济发展使金融市场不断拓展、金融产品交易迅速增加，金融能有效分散风险并降低融资成本，因而经济发展催生了金融深化。

经济发展对金融具有促进作用是理论界的共识，经济的发展可以从经济规模的扩大、经济结构的改变以及经济效率的提升这三方面对金融产生影响。

首先，根据配第—克拉克定理，随着经济的发展，产业逐渐向第三产业转移，人力资源，资金等要素也纷纷向第三产业转移，这其中包括金融业，因此经济规模的扩张肯定会带来金融发展。从宏观角度来看，一国的产出越高，就会导致金融市场占经济体系的值变大，换句话说，金融从根本上是服务经济发展的，当经济规模扩张时，对金融的需求也在扩张从而导致金融在发展（Levine & Demirguc-Kunt，1997，2008）。从微观的角度来看，居民的收入增加，他们对分散风险的需求也在增加，从而导致参与金融市场的积极性在不断上升，金融市场为了满足不同的需求而在不断地发展（吴卫星和齐天翔，2007）。经济发展的水平提高会扩大金融市场，使得金融市场的资金资源流动性提高。一方面，经济发展使得人们的财富增加，为金融发展提供了发展基础；另一方面，经济增长时，政府与企业加大市场投入，有利于金融产品开发。

其次，不同部门或行业对融资的需求程度是不同的，资源密集型的产业规模大，所需要的设备和原材料多，使得对资金和融资需求十分巨大。可以看出，重工业、建筑业相对于轻工业来说需要更多的资金以及融通的渠道，第二产业同样相对于第一产业更依赖于外部融资（孙希芳，2009）。产业结构将直接影响金融机构的资源配置。如果一国的产业形式多样或较为先进，那么金融资源可供选择的分配方式则较多，有利于提升金融效率。反之，如果产业形式单一或者落后，则很难带动经济发展，则金融机构的资源配置会相对单一。

最后，经济效率指的是一定生产要素投入下所获得的产出大小，而经济效率的低下会导致金融机构的运行效率低下，我国 20 世纪 90 年代国有企业亏损拖慢了金融业的发展，到 21 世纪，国企改制，银行剥离坏账，才使金融业效率得到提高（王振山，2000）。

第二节　政府政策对金融发展水平的影响机制分析

在金融抑制与金融深化理论下，使用单一的政府支出占 GDP 比重或者政府干预指数进行实证研究，认为政府干预对金融发展存在明显的负相关关系甚至具有重大阻碍作用（卢峰和姚洋，2004；王鸳凤和黄霆珺，2006；余明桂和潘红波，2008）。政府过度干预会减少金融机构的自主性和创新性，加上政府使用货币政策调控，使得某些金融机构会因为机会成本上升而退出市场，阻碍金融的发展。但另外一些学者则认为需要构建一个复杂的指标体系才能很好地衡量政治环境，使用这个体系研究 17 个国家一年间的政治环境对金融的影响发现，政治稳定更有利于金融发展（Bordo & Rouseau，2006）。

在改革开放的过程中，我国地方管理自主化增强，这导致了地方政府对地方经济管理的干预度相对较大，尤其是地方经济发展对国家与当地政府的政策引导依赖性较大，其中也包括了金融、财政等方面的政策引导。一方面，从金融市场来看，受地方政府利益驱动，地方政府借助国家政策扩大地方性金融机构，丰富了金融市场的主体，但由于监管力度不足，反而可能会阻碍金融效率提升；另一方面，政府对金融市场的适当干预也是必要的，政府干预可以保证产业的稳定，提升金融发展水平。

第三节 工业进程对金融发展水平的影响机制分析

工业的发展需要大量的资金作为支持，同时，企业之间所产生的交易摩擦也会促进新的金融工具和金融服务的需求（Robinson，2003），因此工业对银行以及融资机构的影响显得十分突出。但我国的金融体系和实体经济之间存在不相配，随着工业的扩大，通过正规融资方式增加的资金无法满足产业升级和技术创新的需求，同时在经济发展初期，市场体系的不完善会导致工业增长对金融产生负向作用，但从长期的数据研究发现工业增长的促进作用时间大于抑制作用时间，因此工业对金融的影响在时间上存在非线性的关系（卫平等，2015；聂高辉和邱洋冬，2018）。

第四节 科技发展对金融发展水平的影响机制分析

科技创新投入可以分为政府的资金投入和市场的资金投入，其中以政府资金投入为主体的公共科技对金融产生的影响主要是政府部门通过相应的科技计划或者政策性的优惠和补助贷款来直接或者间接地促进金融的发展（徐玉莲等，2011；王宏起，2012）；而市场资金则是通过银行融资，高科技产业和重工业、建筑业相类似，是资本密集型产业，并且风险很高，因此对外部资金的需求很大。同时科技的创新与进步不仅能提高金融业的竞争能力和创新能力，同时还保障了金融机构或金融市场的安全（周孝坤等，2010）。

科技和金融联系紧密。科技创新常常伴有高投入、高风险、高收益、信息不对称和外部性等特点，为金融市场提供了逐利空间。科技创新带来的需求变化也会影响金融结构。金融科技创新本身就会影响金融发展。科技对金融的作用机制如下：

第一，降低金融市场的交易成本。金融科技创新可以简化交易流程，降低交易成本，提高交易效率。通信技术的发展降低了金融市场收集信息的成本。计算机行业的发展使得金融风险的测算与决策量化分析更准确。科技发展可以使得股票、期货等产品交易的速度更快，金融工具大大丰富等。

第二，通过市场需求影响金融结构。新兴产业的产生与新产品的推广扩大了市场的金融需求，金融市场为满足技术创新产生相应的融资需求。不同的科技创新阶段与创新型企业有不同的融资需求，金融市场为满足他们的资金需求，会使资本市场更富层次性，金融工具更加丰富。

第三，科技创新推动市场制度环境的改善。技术创新的成果需要较好的制度保护，政府会制定较为完备的科技创新保护制度、鼓励创新的项目政策及改善外部环境，这便为金融市场发展提供了较好的外部环境。

第五节　对外开放对金融发展水平的影响机制分析

列夫琴科（Levchenko，2013）研究证明贸易开放程度较高时，并且该国家在高依赖外部融资的产品上具有比较优势时，就会扩大该类产品的生产，将促进外部融资的需求，最终将会使该国的金融发展水平得到提高。但有学者研究发现对外开放水平对金融发展的影响存在着长短期的差异，长期能够促进金融发展，而在短期却对金融发展起抑制作用（Kim，2011）。

贸易开放可以加快国际资金流动，促进金融资产的集中和再分配。贸易规模扩大，将会对金融机构和金融工具产生了更多需求，这会进一步推动本国的金融体系的发展；贸易开放还可以通过影响外汇供求、国际收支、利率等方式影响汇率，进而影响金融发展，贸易开放还可以通过贸易政策与制度来影响金融体制的改革和发展。

第一，对外开放通过金融需求影响金融发展。外贸融资需求促进金融发展。外贸产品研发与建设相关设施都需要大量的资金，通常情况下，个人没有足够的资金支持项目运转。因此，需要社会提供资金。随着国际贸易规模的不断扩大与贸易结构的不断优化，外贸企业对融资需求会越来越大，需要银行等金融机构满足其需求，从而促进金融业的快速发展。国际贸易对避险工具的需求也会促进金融发展。通常，国际贸易的规模更大、手续更复杂、风险也更多，对避险工具产生了迫切的需求。目前，金融机构推出的保险、期货、期权等金融工具，以及保理、福费廷等金融创新服务，促进了金融部门的发展。

第二，通过汇率波动影响金融发展。在浮动汇率制度下，随着对外贸易规模的不断扩大，国际市场对外汇的需求不断增大，将会对利率与汇率都产生影响，进而影响金融体系的发展。同时，对外贸易的快速发展会导致浮动汇率制下的一国的汇率波动更加频繁，这会刺激金融市场中与汇率风险相关的金融工具创新，或者政府为了稳定汇率采取相关的政策，这种创新与政策干预都会影响金融发展。

第七章

我国主要城市金融发展水平
影响因素的实证分析

第一节　模型选取及数据说明

一、模型选取

根据上文的分析，本书认为经济发展因素（lnrjgdp）、工业发展因素（lnind）、政府政策因素（gov）、科技发展因素（rnd）以及对外开放因素（open）这 5 方面的因素对金融的发展产生影响。根据新制度金融发展理论，基于金融发展影响因素的角度，并借鉴前人学者的研究，建立一般面板模型对中国的 10 个城市的金融发展水平的影响因素进行实证分析：

$$fi_{it} = \alpha + \beta_1 \ln rjgdp_{it} + \beta_2 \ln ind_{it} + \beta_3 gov_{it} + \beta_4 rnd_{it} + \beta_5 open_{it} + \lambda_i + \gamma_i + \varepsilon_{it}$$

$$(7.1)$$

其中，$i = 1, 2, \cdots, 10$；$t = 2000, 2001, \cdots, 2017$。

二、变量选取

（一）被解释变量

被解释变量（fi），为前文测算衡量中国 10 个城市的金融发展水平的指数 FLI，见表 5.24。

（二）解释变量

解释变量的各指标选取如下：

经济发展因素（$rjgdp$）：本书采用人均 GDP（单位：元/人）来衡量 10 个城市的经济发展情况。10 个城市的人均 GDP 统计指标如表 7.1 所示。从 2000～2017 年，10 个城市的人均 GDP 基本上呈现上升趋势。人均 GDP 均值最高的是深圳，为 97008.39 元/人；最低的是济南，为 50415.06 元/人。变化最大的是深圳，标准差为 49467.11 元/人；最小的是济南，为 26278.77 元/人。在 2017 年，在这 10 个城市中人均 GDP 最高的是深圳，为 183544 元/人。

政府政策因素（gov）：政府政策影响主要体现在财政支出的变化以及规模上，因此本书采用财政支出总额占 GDP 的比重来衡量政府政策的影响程度。

从 2000～2017 年，10 个城市的财政支出总额占 GDP 的比重基本上呈现上升趋势。财政支出总额占 GDP 的比重均值最高的是上海，为 19.15%；最低的是厦门，为 8.24%。变化最大的是北京，标准差为 3.71%；最小的是南京，为 0.75%。在 2017 年，在这 10 个城市中财政支出总额占 GDP 的比重最高的是上海，为 25%（见表 7.2）。

表 7.1　　人均 GDP 的统计特征

城市	均值（元/人）	中位数（元/人）	最大值（元/人）	最小值（元/人）	标准差（元/人）	偏度	峰度	JB 统计量	JB 统计量的伴随概率	总和（元/人）	离差的平方和（元/人）	观测值个数（个）
北京	70128.83	67252.00	128994.00	24518.00	32599.65	0.22	1.88	1.10	0.58	1262319	1810000000	18
上海	70983.06	69094.50	126634.00	30307.00	29801.95	0.26	1.97	0.99	0.61	1277695	1510000000	18
深圳	97008.39	86077.00	183544.00	33276.00	49467.11	0.36	1.81	1.46	0.48	1746151	4160000000	18
广州	83018.89	78718.50	150678.00	25758.00	41542.56	0.19	1.75	1.29	0.52	1494340	2930000000	18
天津	65176.39	61393.00	118944.00	17353.00	36294.88	0.12	1.51	1.70	0.43	1173175	2240000000	18
南京	65157.89	53221.00	140553.00	17460.00	40404.98	0.51	1.91	1.67	0.43	1172842	2780000000	18
杭州	66113.33	60341.50	135113.00	18906.00	37133.79	0.38	1.91	1.32	0.52	1190040	2340000000	18
厦门	51149.22	47891.00	98967.00	15706.00	27759.38	0.25	1.68	1.50	0.47	920686	1310000000	18
济南	50415.06	51151.00	87697.00	14911.00	26278.77	0.00	1.49	1.71	0.43	907471	1170000000	18
沈阳	59199.72	52682.00	109753.00	24481.00	27297.27	0.36	1.81	1.46	0.48	1065595	1270000000	18

资料来源：根据各城市的统计年鉴以及金融年鉴计算而得。

表 7.2

财政支出总额占 GDP 的比重的统计特征

城市	均值（%）	中位数（%）	最大值（%）	最小值（%）	标准差（%）	偏度	峰度	JB 统计量	JB 统计量的伴随概率	总和（%）	离差的平方和（%）	观测值个数（个）
北京	18.21	17.95	25.00	13.80	3.71	0.54	2.07	1.51	0.47	327.70	233.73	18
上海	19.15	18.90	25.00	13.10	3.48	0.14	2.29	0.43	0.81	344.70	206.27	18
深圳	12.81	11.90	21.00	8.80	3.71	1.32	3.44	5.34	0.07	230.50	233.51	18
广州	12.32	11.87	16.21	9.13	2.17	0.12	1.76	1.20	0.55	221.78	80.11	18
天津	14.61	13.75	20.74	10.99	3.02	0.55	2.02	1.64	0.44	262.95	155.52	18
南京	10.10	10.34	11.56	9.10	0.75	0.05	1.90	0.92	0.63	181.79	9.54	18
杭州	9.24	9.18	12.41	5.31	1.96	-0.03	2.31	0.36	0.84	166.28	65.18	18
厦门	8.24	7.57	11.58	5.80	1.89	0.46	1.79	1.73	0.42	148.38	60.68	18
济南	10.96	10.73	14.94	8.38	1.92	0.72	2.83	1.58	0.45	197.30	62.39	18
沈阳	14.79	14.65	19.64	11.32	2.46	0.41	2.17	1.01	0.60	266.22	102.53	18

资料来源：根据各城市的统计年鉴以及金融年鉴计算而得。

工业进程因素（ind）：本书采用第二产业产值来衡量工业的发展水平（单位：亿元）。

2000～2017 年，10 个城市的第二产业产值基本上呈现上升趋势。第二产业产值均值最高的是上海，为 5923.33 亿元；最低的是沈阳，为 3016.58 亿元。变化最大的是天津，标准差为 2728.88 亿元；最小的是沈阳，为 1418.84 亿元。在 2017 年，在这 10 个城市中第二产业产值最高的是深圳，为 9310.88 亿元（见表 7.3）。

科技发展因素（rnd）：科技的发展主要体现在对 R&D 的投入程度，其中包括政府对研发的投入以及企业对研发的投入。本书参考借鉴俞立平（2013）的做法，选用 R&D 经费支出占财政支出的比重来衡量不同地区的科技发展。

2000～2017 年，10 个城市的 R&D 经费支出占财政支出的比重基本上呈现上升趋势。R&D 经费支出占财政支出的比重均值最高的是深圳，为 32.35%；最低的是上海，为 14.18%。变化最大的是深圳，标准差为 7.42%；最小的是沈阳，为 1.03%。在 2017 年，在这 10 个城市中 R&D 经费支出占财政支出的比重最高的是杭州，为 25.75%（见表 7.4）。

对外开放因素（open）：本书使用熵权法将外国直接投资占当年 GDP 的比重和进出口额占当年 GDP 的比重两个指标综合成衡量开放程度的开放指标，其中汇率使用人民币兑美元中间价进行换算。

2000～2017 年，10 个城市的对外开放基本上呈现上升趋势。对外开放均值最高的是深圳，为 173%；最低的是济南，为 9%。变化最大的是深圳，标准差为 0.49%；最小的是济南，为 0.02%。在 2017 年，在这 10 个城市中对外开放最高的是厦门，为 91%（见表 7.5）。

（三）控制变量

不同城市之间存在较大的差距，为了减少遗漏变量带来的误差以及更好地描绘不同城市的特质，选取了一组控制变量。

表 7.3　第二产业产值的统计特征

城市	均值 （亿元）	中位数 （亿元）	最大值 （亿元）	最小值 （亿元）	标准差 （亿元）	偏度	峰度	JB 统计量	JB 统计量的 伴随概率	总和 （亿元）	离差的平方 和（亿元）	观测值 个数（个）
北京	3016.58	2749.35	5326.80	1040.60	1418.84	0.13	1.65	1.42	0.49	54298.50	34222794	18
上海	5923.33	6084.53	9190.83	2213.82	2338.63	-0.29	1.66	1.61	0.45	106620.00	92976045	18
深圳	4390.34	3846.13	9310.88	1087.16	2566.29	0.43	2.00	1.29	0.52	79026.10	1.12E+08	18
广州	3517.92	3377.54	6011.01	1029.94	1832.40	0.04	1.51	1.68	0.43	63322.63	57080770	18
天津	4315.82	3920.43	7933.53	863.83	2728.88	0.12	1.41	1.94	0.38	77684.79	1.27E+08	18
南京	2205.28	1879.13	4454.87	491.87	1359.56	0.28	1.65	1.61	0.45	39694.99	31422773	18
杭州	2456.58	2369.17	4362.48	709.32	1252.50	0.04	1.56	1.56	0.46	44218.42	26668692	18
厦门	1410.63	1373.30	2569.22	414.74	737.77	0.08	1.58	1.53	0.47	25391.40	9253068	18
济南	1914.48	2023.57	3610.91	416.35	1177.20	0.14	1.58	1.57	0.46	34460.58	23558515	18
沈阳	949.79	813.03	1812.24	253.85	521.54	0.18	1.55	1.68	0.43	17096.18	4624129	18

资料来源：根据各城市的统计年鉴以及金融年鉴计算而得。

表 7.4　　R&D 经费支出占财政支出的比重的统计特征

城市	均值（%）	中位数（%）	最大值（%）	最小值（%）	标准差（%）	偏度	峰度	JB 统计量	JB 统计量的伴随概率	总和（%）	离差的平方和（%）	观测值个数（个）
北京	30.41	30.43	35.86	23.15	4.14	-0.38	2.13	1.00	0.61	547.37	290.86	18
上海	14.18	14.22	17.15	11.66	1.74	0.02	1.85	1.00	0.61	255.24	51.50	18
深圳	32.35	33.31	42.05	20.02	7.42	-0.26	1.88	1.13	0.57	582.24	934.82	18
广州	16.79	15.49	28.50	12.59	4.39	1.52	4.37	8.33	0.02	302.18	327.32	18
天津	16.59	15.94	28.62	7.82	5.70	0.59	2.55	1.20	0.55	298.59	553.08	18
南京	23.39	24.22	29.38	16.79	3.44	-0.45	2.57	0.75	0.69	420.94	200.63	18
杭州	29.68	28.83	37.95	21.52	4.93	0.24	1.96	0.98	0.61	534.24	412.99	18
厦门	21.46	21.20	24.07	19.67	1.35	0.49	2.03	1.41	0.49	386.29	31.10	18
济南	17.28	17.15	21.99	12.41	2.79	-0.05	2.08	0.64	0.72	311.01	132.24	18
沈阳	16.51	16.79	17.86	14.60	1.03	-0.55	2.10	1.50	0.47	297.17	17.97	18

资料来源：根据各城市的统计年鉴以及金融年鉴计算而得。

表 7.5　对外开放的统计特征

城市	均值（%）	中位数（%）	最大值（%）	最小值（%）	标准差（%）	偏度	峰度	JB统计量	JB统计量的伴随概率	总和（%）	离差的平方和（%）	观测值个数（个）
北京	84.08	87.22	112.62	50.25	17.86	-0.45	2.27	1.01	0.60	1513.52	5423.87	18
上海	89.81	88.39	115.81	65.10	17.55	0.13	1.63	1.45	0.48	1616.50	5237.91	18
深圳	172.57	173.44	241.03	84.35	49.30	-0.41	1.98	1.28	0.53	3106.25	41310.62	18
广州	44.26	45.51	58.16	29.83	10.26	-0.09	1.51	1.69	0.43	796.62	1788.21	18
天津	52.00	49.97	79.00	26.94	17.52	0.16	1.64	1.47	0.48	936.08	5216.22	18
南京	42.05	42.35	61.76	21.75	13.29	-0.08	1.75	1.20	0.55	756.96	3003.93	18
杭州	42.28	41.28	62.29	28.21	10.58	0.34	2.03	1.06	0.59	760.96	1901.82	18
厦门	122.82	117.53	156.54	90.54	20.22	0.08	2.01	0.76	0.68	2210.80	6950.46	18
济南	9.45	8.57	13.28	6.79	1.93	0.75	2.35	2.01	0.37	170.18	63.44	18
沈阳	12.84	11.82	19.97	9.01	3.42	0.81	2.66	2.05	0.36	231.16	198.94	18

资料来源：根据各城市的统计年鉴以及金融年鉴计算而得。

就业率（emp）：本书采用从业人员年末数占常住人口的比重来衡量就业率（单位：%）。

2000～2017 年，10 个城市的就业率基本上呈现上升趋势。就业率均值最高的是深圳，为 72.47%；最低的是上海，为 49.78%。变化最大的是沈阳，标准差为 9.27%；最小的是厦门，为 1.04%。在 2017 年，在这 10 个城市中就业率最高的是深圳，为 75.33%（见表 7.6）。

表7.6　　　　　　　　　　　　就业率的统计特征

城市	均值（%）	中位数（%）	最大值（%）	最小值（%）	标准差（%）	偏度	峰度	JB统计量	JB统计量的伴随概率	总和（%）	离差的平方和（%）	观测值个数（个）
北京	53.27	53.86	57.45	45.40	3.98	-0.91	2.60	2.59	0.27	958.92	269.06	18
上海	49.78	47.76	56.76	45.08	4.60	0.64	1.73	2.43	0.30	896.03	358.97	18
深圳	72.47	71.97	83.46	67.73	4.25	1.18	3.78	4.62	0.10	1304.39	306.56	18
广州	57.76	58.99	61.60	50.51	3.74	-1.00	2.48	3.19	0.20	1039.74	238.32	18
天津	54.21	55.10	57.97	48.63	3.41	-0.49	1.76	1.89	0.39	975.75	198.19	18
南京	52.71	55.01	63.11	42.10	7.66	-0.17	1.38	2.07	0.36	948.76	996.81	18
杭州	67.71	71.11	74.37	55.81	6.84	-0.58	1.78	2.14	0.34	1218.81	795.56	18
厦门	55.93	55.76	57.79	54.75	1.04	0.47	1.90	1.57	0.46	1006.67	18.44	18
济南	51.23	51.38	52.57	48.40	1.13	-0.77	3.10	1.79	0.41	922.16	21.64	18
沈阳	52.53	49.38	66.99	41.80	9.27	0.45	1.55	2.18	0.34	945.56	1460.18	18

资料来源：根据各城市的统计年鉴以及金融年鉴计算而得。

产业结构（teri）：本书采用第三产业占地区生产总值的比重来作为衡量产业结构的指标。

2000～2017 年，10 个城市的第三产业占地区生产总值的比重的统计特征基本上呈现上升趋势。第三产业占地区生产总值的比重均值最高的是北京，为 74.06%；最低的是天津，为 46.77%。变化最大的是杭州，标准差为 6.71%；最小的是南京，为 3.89%。在 2017 年，在这 10 个城市中第三产业占地区生产总值的比重的统计特征最高的是北京，为 80.6%（见表 7.7）。

表 7.7　第三产业占地区生产总值的比重的统计特征

城市	均值（%）	中位数（%）	最大值（%）	最小值（%）	标准差（%）	偏度	峰度	JB统计量	JB统计量的伴随概率	总和（%）	离差的平方和（%）	观测值个数（个）
北京	74.06	75.75	80.60	65.10	4.78	-0.35	1.86	1.34	0.51	1333.00	388.92	18
上海	57.74	56.35	69.80	50.60	6.52	0.63	2.06	1.86	0.39	1039.40	722.42	18
深圳	51.94	51.10	58.60	46.00	4.02	0.32	1.85	1.30	0.52	934.90	275.26	18
广州	61.11	59.71	71.02	55.12	4.52	0.80	2.58	2.08	0.35	1099.97	348.08	18
天津	46.77	45.85	58.15	42.28	4.65	1.32	3.86	5.76	0.06	841.85	367.99	18
南京	51.94	51.21	59.73	46.92	3.89	0.62	2.22	1.59	0.45	934.89	257.53	18
杭州	49.30	47.97	62.92	41.18	6.71	0.65	2.26	1.67	0.43	887.43	766.10	18
厦门	51.78	51.00	59.92	45.90	4.28	0.44	2.06	1.25	0.54	932.05	310.99	18
济南	49.84	48.55	57.80	44.30	4.75	0.34	1.56	1.90	0.39	897.10	384.36	18
沈阳	48.75	48.35	57.80	41.70	5.10	0.35	2.09	0.98	0.61	877.50	441.47	18

资料来源：根据各城市的统计年鉴以及金融年鉴计算而得。

所有的处理后的数据见附录 B。

三、数据说明

本章选取 2000 ~ 2017 年中国 10 个城市的数据作为研究样本，采用面板回归模型，运用 EViews 9.0 软件，对影响中国 10 个城市的金融发展水平的因素进行实证研究。数据来源于 2000 ~ 2017 年各城市统计年鉴以及金融年鉴，极个别缺失数据使用插值法补全。人均 GDP 和第二产业产值取了自然对数。以下列出本书模型相关变量数据描述性统计，如表 7.8 所示。

表 7.8   变量的描述性统计量

变量	观察值	均值	标准差	最小值	最大值
fi	180	$-7.82E-08$	0.581	-0.798	2.100
$\ln rjgdp$	180	10.960	0.605	9.610	12.120
$\ln ind$	180	7.702	0.839	5.537	9.139
gov	180	13.040	4.345	5.311	25.000
rnd	180	21.860	7.590	7.824	42.050
$open$	180	67.220	52.340	6.787	241.000
emp	180	56.760	8.740	41.800	83.460
$teri$	180	54.320	9.165	41.180	80.600

由表 7.8 可以得到所研究的 10 个城市金融发展影响因素相关统计指标的分布特征：

中国 10 个城市之间相关影响因素的基础条件差异较大。就人均 GDP 而言，最高可达到 183505 元，而最低只有 14911 元；财政支出占 GDP 比重可以看出，最高的数值达到 25%，但是最低却只占了 5.537%，几乎是 5 倍的差距；就 R&D 投入占财政支出来看，最高达到 42.05%，最低的只有 7.824%。以上各方面的最大值与最小值之间均存在这种较大的差距，各指标之间存在很大的波动, 个体之间也存在较大的"异质性"。

第二节　实证检验及结果分析

一、单位根检验与协整检验

根据相关的计量经济学和统计学的基本理论, 为了避免出现"伪回归", 确保估计结果的有效性, 有必要在进行回归分析之前对面板数据进行检验, 验证变量的平稳性和协整性。根据表 7.9 的检验结果显示, 所有变量的一阶差分在 1% 的显著性水平上均通过 LLC、IPS、ADF – Fisher 和 PP – Fisher 四种方法的检验, 这表明模型所用的变量是不平稳的, 为一阶单整序列。

表 7.9　　　　　　　　　　　　单位根检验结果

变量	检验方法（一阶差分）			
	LLC	IPS	ADF – Fisher	PP – Fisher
fi	– 13. 19 *** (0. 00)	– 11. 85 *** (0. 00)	126. 09 *** (0. 00)	199. 03 *** (0. 00)
$lnrjgdp$	– 6. 39 *** (0. 00)	– 4. 24 *** (0. 00)	55. 70 *** (0. 00)	64. 38 *** (0. 00)
$lnind$	– 7. 77 *** (0. 00)	– 5. 88 *** (0. 00)	71. 98 *** (0. 00)	109. 89 *** (0. 00)
gov	– 6. 06 *** (0. 00)	– 6. 03 *** (0. 00)	68. 12 *** (0. 00)	104. 88 *** (0. 00)
rnd	– 7. 24 *** (0. 00)	– 6. 19 *** (0. 00)	69. 56 *** (0. 00)	81. 13 *** (0. 00)

变量	检验方法（一阶差分）			
	LLC	IPS	ADF – Fisher	PP – Fisher
open	– 7.04 *** (0.00)	– 4.95 *** (0.00)	57.24 *** (0.00)	72.16 *** (0.00)
emp	– 6.70 *** (0.00)	– 7.02 *** (0.00)	74.98 *** (0.00)	91.94 *** (0.00)
teri	– 7.40 *** (0.00)	– 7.23 *** (0.00)	79.15 *** (0.00)	91.68 *** (0.00)

注：括号内为该统计量的伴随概率；*** 、** 、* 分别表示在1%、5%、10%的水平上显著。

协整检验是用来分析变量之间是否存在长期均衡关系，若经检验有协整关系，说明在统计学角度上，变量间有长期均衡关系，可以进行回归。本书采用 Kao 同质面板协整检验和 Pedroni 异质面板协整检验方法来检测 8 个变量之间是否存在长期均衡关系，结果如表 7.10 所示。从表 7.10 可以看出，根据 Kao 检验结果，模型在 10% 的显著性水平上，拒绝没有协整关系的零假设。根据 Pedroni 检验结果，不管是检验同质还是异质的统计量在 1% 的显著性水平上均拒绝原假设。即认为各个变量之间存在着协整关系。

表7.10　　　　　　　　　　　　　协整检验结果

检验方法	统计量名	统计量	P 值
Kao 检验		– 1.5500	0.0604
Pedroni 检验	Panel v – Stat	– 5.8657	0.0000
	Panel ρ – Stat	3.8177	0.0001
	Panel PP – Stat	– 17.4158	0.0000
	Panel ADF – Stat	– 1.740E + 15	0.0000
	Group v – Stat	4.8859	0.0000
	Group PP – Stat	– 20.0299	0.0000
	Group ADF – Stat	– 2.416E + 15	0.0000

二、PCSE 方法估计

通过上文对所研究的变量的描述性统计量进行分析以及数据结构可知，本书所使用的为 2000～2017 年中国 10 个城市的长面板数据，时间跨度相对较长，个体所含信息量较多，模型的随机扰动项极有可能存在组间异方差、组间同期相关以及组内自相关，因此要对模型的随机扰动项进行分析，以选择更好的模型来拟合变量。

对组间异方差进行 Wald 检验，结果显示 Wald 统计量为 294.18，对应的 P 值为 0.0000，因此拒绝"不存在组间异方差"的原假设，认为存在组间异方差。对数据进行 Breusch-Pagan LM 检验来检验是否存在组间同期相关，结果显示 Breusch-Pagan LM 统计量为 189.922，对应的 P 值为 0.0000，因此拒绝"不存在同期相关"的原假设，认为存在组间同期相关。对数据进行 Wooldridge test 来检验是否存在组内自相关，结果显示 Wooldridge test 统计量不能拒绝不存在组内自相关的原假设，因此认为不存在组内自相关。由于所研究的面板数据中，年份个数（T）的量只是比城市个数（N）稍大，同时考虑到存在组间异方差以及组间同期相关，基于稳健性考虑使用"面板校正标准误差"（PCSE）进行估计，结果如表 7.11 所示。同时，由于部分学者认为工业进程与金融发展之间存在着非线性关系，为了对其进行检验，在模型中引入工业进程的平方项，以检验工业进程与金融发展之间的非线性关系。本书主要对表 7.11 中回归结果（4）～（6）进行分析。

表 7.11　　　　　　　　　　　面板模型回归结果

变量	回归结果					
	（1）	（2）	（3）	（4）	（5）	（6）
lnrjgdp	-0.611 *** （-8.27）	-0.0209 （-0.19）	-0.0295 （-0.30）	0.335 ** （2.21）	0.339 ** （2.21）	0.302 ** （1.98）
lnind	—	-0.623 *** （-7.15）	-1.700 *** （-7.56）	-1.499 *** （-6.26）	-1.490 *** （-6.36）	-1.535 *** （-6.29）

续表

变量	回归结果					
	(1)	(2)	(3)	(4)	(5)	(6)
ln$ind2$	—	—	0.0706 ***	0.0466 ***	0.0459 ***	0.0508 ***
			(5.23)	(3.50)	(3.55)	(3.55)
gov	—	—	—	0.039 ***	0.0384 ***	0.0407 ***
				(4.04)	(4.03)	(4.07)
rnd	—	—	—	—	−0.000778	—
					(−0.35)	
$open$	—	—	—	—	—	0.0006
						(0.80)
emp	0.0000263	0.00298	0.00579 ***	0.00721 ***	0.00727 ***	0.0077
	(0.01)	(1.61)	(3.14)	(3.56)	(3.50)	(3.63)
$teri$	0.0128 ***	−0.00279	−0.0102 **	−0.0132 ***	−0.0134 ***	−0.0126 ***
	(3.60)	(−0.68)	(−2.35)	(−2.91)	(−2.94)	(−2.65)
上海	0.0464	0.219 ***	0.0509	0.0939	0.0808	0.0775
	(0.66)	(2.87)	(0.64)	(1.24)	(0.93)	(1.13)
深圳	−0.0359	−0.426 ***	−0.67 ***	−0.602 ***	−0.610 ***	−0.643 ***
	(−0.31)	(−3.43)	(−5.12)	(−4.74)	(−4.67)	(−5.22)
广州	−0.681 ***	−0.909 ***	−1.029 ***	−0.873 ***	−0.891 ***	−0.833 ***
	(−7.63)	(−9.78)	(−10.76)	(−9.92)	(−8.98)	(−7.81)
天津	−0.947 ***	−1.151 ***	−1.393 ***	−1.233 ***	−1.251 ***	−1.206 ***
	(−7.32)	(−9.37)	(−10.58)	(−9.81)	(−9.39)	(−8.67)
南京	−0.865 ***	−1.372 ***	−1.55 ***	−1.304 ***	−1.319 ***	−1.247 ***
	(−8.33)	(−11.12)	(−11.88)	(−9.90)	(−9.87)	(−7.96)
杭州	−0.708 ***	−1.215 ***	−1.441 ***	−1.182 ***	−1.194 ***	−1.132 ***
	(−5.86)	(−8.69)	(−9.83)	(−8.06)	(−8.02)	(−6.81)
济南	−1.240 ***	−1.879 ***	−2.077 ***	−1.751 ***	−1.769 ***	−1.668 ***
	(−10.13)	(−12.65)	(−13.42)	(−10.65)	(−10.66)	(−8.39)
沈阳	−1.222 ***	−1.728 ***	−1.928 ***	−1.664 ***	−1.683 ***	−1.592 ***
	(−9.37)	(−11.79)	(−12.54)	(−10.78)	(−10.68)	(−8.46)

续表

变量	回归结果					
	(1)	(2)	(3)	(4)	(5)	(6)
厦门	- 0. 925 *** (- 6. 96)	- 1. 974 *** (- 10. 45)	- 2. 226 *** (- 11. 18)	- 2. 287 *** (- 10. 37)	- 2. 306 *** (- 10. 25)	- 2. 264 *** (- 10. 35)
t	0. 121 *** (12. 31)	0. 14 *** (14. 59)	0. 145 *** (14. 70)	0. 110 *** (8. 75)	0. 110 *** (8. 77)	0. 110 *** (8. 71)
常数项	- 223. 9 *** (- 12. 59)	- 261. 32 *** (- 14. 93)	- 266. 76 *** (- 14. 84)	- 203. 66 *** (- 9. 00)	- 203. 82 *** (- 9. 03)	- 203. 36 *** (- 8. 95)
N	180	180	180	180	180	180

注：括号内为该统计量的 t 值；*** 、** 、* 分别表示在 1%、5%、10% 的水平上显著。

三、实证结果分析

由表 7.11 中回归结果（4）可以看出，经济发展每提高 1%，金融的发展水平就提高 0.335%，并且系数在 5% 的显著性水平上显著，这证明地区经济的发展对该地区的金融发展水平有促进作用。这结果印证了许多学者的研究。经济发展水平衡量了一个城市的经济实力。自改革开放以来，我国对经济开放的改革力度不断加大，我国先后加入世贸组织、推进"一带一路"建设，均使我国的经济进一步发展。随着经济的不断发展，城市就会吸引大量的人才以及资金，引进先进的设备，而这些便带动银行业以及金融业的发展，不仅如此，企业或个人为了规避风险，促进了一系列的金融工具的产生。

工业进程及其平方项系数分别为 - 1.499 和 0.0466，且在 1% 的显著性水平上显著，这表明金融发展水平与工业进程之间存在显著的非线性关系并呈现 U 型结构，而拐点为 16.08。城市的工业水平低于 16.08 的时候，就会对金融发展水平产生阻碍作用，而当城市的工业水平高于 16.08 的时候，就会对金融发展水平产生促进作用。这一结论与卫平（2015）与聂高辉等（2018）的研究结论吻合。我国一直对工业和实业的发展十分重视，在供给侧改革的背景下，我国支持中小型企业的改革，如实施减少贷款利息，延长贷款期限等一系列的金融优惠政策，同时引导企业使用境外低成本的资金，推进企业发行外债的登记制度，由此便促进了金融业的发展。

政府财政支出每提高 1 个单位，金融发展水平就提高 0.039 个单位，并且系数在 1% 的显著性水平上显著，这表证明政府政策对该地区的金融发展水平有促进作用。进入 21 世纪，我国政府为了促进金融积极地发展，先后推行了多个政策来提高金融水平，如 2016 年提出的完善商业银行的监管指标，加大不良资产处置力度；还有降低融资中间环节，加大融资担保力度，完善现代资金向实体经济融通机制。以上都能体现我国政府能很好地制定相关的政策机制完善金融体制，以此提高金融体系的运行效率。

由表 7.11 中回归结果（5）和（6）可以看出，科技投入以及开放程度系数在显著性水平上不显著，这表明科技投入和开放程度对地区的金融发展水平影响不显著。我国虽然一直推行科技创新，并给予科研事业一定的税收减免政策，但我国现阶段科技创新转化效率仍然比较低，对企业乃至金融业的影响还处于一个比较低水平的环境下。而开放程度方面，我国对外国投资者对中国企业的持股比例一直有限制，这很大程度上对金融发展有抑制的作用，从而使得开放程度对金融发展水平的影响不显著。

第三节　模型的稳健性检验

一、剔除极端样本

由于我国自加入世贸组织以来与国际的联系日益频繁起来，而金融易受国际金融趋势的影响而变动，尤其是 2008 年的世界金融危机这一外生事件对国内的金融影响较大，因此，本书剔除 2008 年和 2009 年两年的数据，以消除极端样本对模型产生的影响，如表 7.12 的（1）和（2）所示，回归结果未发生较大变化，且显著性也未发生较大的变化。

表 7. 12　　　　　　　　　　　稳健性检验

变量	剔除极值检验		模型替换检验		变量滞后检验	
	（1）	（2）	（3）	（4）	（5）	（6）
ln*rjgdp*	0.497 **	0.483 **	0.033	0.0479	0.0461	0.0218
	（2.53）	（2.44）	（0.27）	（0.40）	（0.33）	（0.16）
ln*ind*	− 1.214 ***	− 1.273 ***	− 1.378 ***	− 1.417 ***	− 1.664 ***	− 1.693 ***
	（ − 4.70）	（ − 4.63）	（ − 7.06）	（ − 7.04）	（ − 7.86）	（ − 7.74）
ln*ind*2	0.0400 ***	0.0459 ***	0.0611 ***	0.0600 ***	0.0623 ***	0.0658 ***
	（2.99）	（3.18）	（5.51）	（5.21）	（4.85）	（4.71）
gov	0.0473 ***	0.0535 ***	0.0035	0.00256	0.0204 **	0.0212 **
	（4.38）	（4.68）	（0.78）	（0.56）	（2.22）	（2.21）
rnd	− 0.00374	—	− 0.00166	—	0.000835	—
	（ − 1.35）		（ − 1.26）		（0.35）	
open	—	0.000588	—	− 0.000464	—	0.000648
		（0.66）		（ − 1.01）		（0.84）
个体效应	有	有	有	有	有	有
时间效应	有	有	有	有	有	有
常数项	− 131.6 ***	− 121.18 ***	− 191.8 ***	− 203.3 ***	− 274.6 ***	− 274.47 ***
	（ − 5.35）	（ − 4.85）	（ − 9.90）	（ − 10.20）	（ − 10.76）	（ − 10.75）
N	160	160	180	180	170	170

注：括号内为该统计量的 *t* 值；*** 、** 、* 分别表示在 1% 、5% 、10% 的水平上显著。

二、变换模型

模型之间的拟合方式存在一定的误差，这会使某些变量的值发生巨大的变化从而得出与原模型差别很大甚至是相反的结论，本节为了排除这个可能性，选用了可行的广义最小二乘法（FGLS）对原始数据再进行回归，如表7.12 的（3）和（4）所示，与原模型相比，符号未发生较大变化。

三、内生性检验

金融发展水平与各影响因素之间很可能存在一定的双向因果关系，各影响因素推动地区金融发展水平的提升，使得金融市场和金融体系得到发展，反过来又影响各个影响因素的高度。因此为了降低偏差，对估计模型可能存在的内生性问题进行处理。本节借鉴范爱军（2007）等弱化内生性的做法，选用解释变量的滞后一期数据作为新的解释变量，以减少解释变量与被解释变量的相互影响，模型为：

$$fi_{it} = \alpha + \beta_1 \ln rjgdp_{i,t-1} + \beta_2 \ln ind_{i,t-1} + \beta_3 gov_{i,t-1} + \beta_4 rnd_{i,t-1}$$
$$+ \beta_5 open_{i,t-1} + \gamma_{t-1} + \lambda_i + \varepsilon_{i,t-1} \tag{7.2}$$

回归结果如表 7.12 的（5）和（6）所示，与之前回归结果对比，符号未发生变化，且显著性也未发生较大变化。

第八章

几种典型金融模式的发展水平及影响因素分析

第一节 我国互联网金融的发展水平与风险因素分析

随着互联网技术的高速发展，互联网金融作为一种新兴的金融方式在金融市场上迅猛发展，但由于互联网金融发展时期还不够长，各种系统性的建设并不够完善，因此，也会遭受各种各样的风险。为了应对我国互联网金融所面临的风险，在源头上遏制风险、在规模上控制风险、在形式上消弭风险，本节将对其进行分析。

一、我国互联网金融的发展现状

（一）互联网金融的概念

互联网金融是指传统金融机构利用网络平台、大数据、云计算和搜索引擎等互联网技术和信息通信技术实现资金融通、支付、投资和信息中介服务的新型金融业务模式。互联网金融不是互联网和金融业的简单结合，而是在电子商务发达的现代，在用户的需求下，利用互联网平台逐渐发展起来的一种新兴的金融模式，它把互联网"开放、平等、协作、分享，去中心化，客户体验至上"的精神和传统金融结合起来，依托互联网的公开透明的特性，达到信息的平等交换。但互联网金融的本质还是金融，因此，要遵循金融的原则。当前互联网金融格局，由传统金融机构和非传统金融机构组成。传统金融机构主要为传统金融业务进行互联网创新以及电商化创新等；非传统金融机构则主要是指利用互联网技术进行金融运作的电商企业，包括 P2P 模式的网络借贷平台、众筹模式的网络投资平台、"挖财类"模式的手机理财 App（理财宝类），以及第三方支付平台等。至此，互联网金融给了用户另一个选择的机会，促进了金融格局的变革。

（二）互联网金融的特点

互联网金融是互联网和金融在新时代依托互联网平台的结合，不是简单的两者相加，而是深层次地深度结合，因而，互联网金融有了和传统金融不一样的特性。

1. 信息透明化

在传统金融交易的过程中，不可避免地会因为交易双方的信息不对称、交易方式的缺陷、时间的不对称等各种因素造成交易的不平等、不透明。而互联网金融在互联网技术的发展下，可以使交易双方在双方可见的方式下，见证交易、完成交易，双方可以随时查看交易的进程，交易的信息透明化，使交易的不稳定因素消失。

2. 交易成本大幅降低

在互联网金融的发展过程中，由于互联网的先天特性，交易的过程中交易双方可以在足不出户的情况下，在线上通过网络平台交易，在互联网上进行资源共享、传递，大大地降低了交易的成本。同时，通过互联网进行支付、转账、融资、交易，大大地减少了中间机构的介入，在节省时间成本的基础上，再次节约了交易成本。

3. 支付快捷化、即时化

现代网络发展的架构下，支付可以通过各种移动终端进行，交易者可以随时通过便携式移动终端进行操作，使得交易可以无视时间、地域等的限制，摆脱了传统金融的一大弊端，促进了金融交易的发展。

4. 大数据的高度运用

大数据的资源化，是近年来互联网金融的一大趋势，通过对大数据和云计算结合进行分析，掌握用户的偏好，将其量化，再分别根据不同用户的偏好进行相关推荐，有针对性地进行精准营销，甚至可以通过对大数据的多渠道收集、分析，抓住目标客户。大数据正在或即将成为互联网金融必不可少的资源，大数据的高度运用正说明了这一点。

5. 资源配置更高效、合理

互联网金融的交易利用网络平台进行，资金供求双方可以通过网络平台自由地自行完成信息甄别、匹配、定价和交易，既满足了个人的喜好，又促进了资源的配置。而且，在网络上进行交易的同时，经过大数据的云计算，对交易进行评估，选择最优的组合策略，使资源更加合理地配置。这种自由的组合交易避免了像线下交易双方因不够了解而造成损失的情况。

6. 风险大

互联网金融在利用网络平台进行操作、交易的同时，也必将承担金融在互联网平台下产生的风险。在国内，互联网的信用体系和法律体系都不够完善，再加上可能出现的技术风险，互联网金融的风险也呈现和收益成正比的趋势，在这种情况下，进行互联网金融的交易必将受到影响，将互联网金融的风险降低是这个行业当前所要重视的问题之一。

（三）我国互联网金融的模式

1. 第三方支付

第三方支付，就是一些和产品所在国家以及国内外各大银行签约并具备一定实力和信誉保障的第三方独立机构提供的交易支付平台。在第三方支付平台的交易中，买方选购商品后，使用第三方支付平台提供的账户进行货款支付，由第三方通知卖家货款到达和通知发货；买方收到和检验物品后，就可以通知付款给卖家，第三方再将款项转至卖家账户。在我国，最知名的第三方支付平台莫过于支付宝，其脱胎于淘宝网，发展到为各种不同的合作方提供服务，成为中国最大的第三方支付平台。现在，支付宝可以应用到支付、转账、缴费等各项业务中，第三方支付作为一匹黑马逐渐占据了人们的视线。在第三方支付中，移动支付规模大、增长率快，见图 8.1。

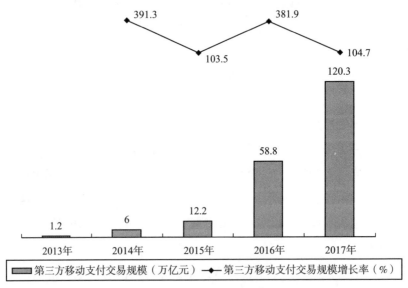

图 8.1　2013～2017 年中国第三方移动支付业务交易规模及增长率

资料来源：艾瑞咨询。

2. 众筹

众筹就是为大众筹资或群众筹资，它由发起人、跟投人与众筹平台构成，是一种向群众募资，以支持发起的个人或组织的行为向网友募集项目资金的模式。众筹表现为对创意的极大重视，并且发起的"门槛"较低，给了个人创业者一个平台来实现梦想。众筹平台的运作模式是通过网络平台将需要资金的个人或团队的项目策划发布，经过相关审核后，便可以在平台的网站上建立属于自己的页面，用自己的项目创意以及可操作性、未来发展的前景来吸引投资。这种由少数人发起，争取公众的资金支持的方式，作为一种新兴的互联网金融模式，打破了利用风投进行投资的局面，投资也可以通过赢得大众的支持来获取，同时，获得投资的对象也不再局限在一些大项目，给了小众项目一个绝佳的机会。

互联网金融研究机构网贷之家发布的《2018年众筹行业年报》显示，截至2017年12月，全国众筹平台共280家，同比下降约33%，与2015年持平。其中，全国互联网非公开股权融资平台（即业内惯称的股权众筹平台）共计76家，同比下降36%，北京地区股权众筹共计29家，降幅达28%。在行业洗牌阶段，大量劣质平台被淘汰，优质平台开始发挥作用。虽然众筹平台数量在减少，但整体的融资金额未大幅下跌。

3. P2P网贷

P2P网贷是指借贷不是传统的线下借贷模式，而是在线上通过第三方互联网平台进行资金借、贷双方的匹配和交易，资金可以通过多人借贷，风险在一定的程度上有所降低。在当下快节奏的生活中，P2P网贷在一定的程度上满足了借方急需资金需要的同时，也满足了贷方的高利率需求。这种各取所需的借贷方式，为现代人所青睐。

P2P网贷的综合收益率在2014年以前一直呈现上升趋势，而在之后则有下滑趋势，总体收益率还是一直保持在一个较高的水平，分析可知，P2P网贷在其出现之初，大受欢迎，而在其不断发展的过程中因为还不够完善的系统，上升的趋势停滞，但总体收益的指数还是说明P2P网贷的可行性。

4. 信息化金融机构

信息化金融机构，是指通过采用信息技术，对传统运营流程进行改造或重构，实现经营、管理全面电子化的银行、证券和保险等金融机构。金融信息化是金融业发展趋势之一，而信息化金融机构则是金融创新的产物。

电子银行业务是指通过面向社会公众开放的通信通道或开放型公众网络，以及为特定自助服务设施或客户建立的专用网络等方式，向客户提供的离柜金融服务。主要包括网上银行、电话银行、手机银行、自助银行以及其他离柜业务。电子银行业务的展开，使交易可以通过互联网随时随地进行，方便快捷，人们足不出户即可完成业务的处理，同时电子银行业务也促进了电子商务的发展。在互联网的高速发展中，证券投资业务也可以在线上进行，只要进行注册，可以通过平台来进行证券买卖。线上交易大大缩短了交易时间，使得交易的发生具有即时性。保险业务也可以通过互联网来进行，电子保险单的出现，极大方便了消费者的购买。投保者可以通过互联网确定所需投保的类型、时间、权利和义务等，购买保险，获得电子保险单。

（四）我国互联网金融的发展趋势

在我国，现今互联网金融在人们的生活中已经成为一种非常重要的金融模式，在形式上也不再局限于上文所提到的第三方支付、众筹、P2P 网贷、信息化的金融机构等，而是在此基础上不断地创新发展。同时，互联网金融行业的竞争也异常激烈。

到 2018 年，我国互联网金融消费放贷规模超过了 90000 亿元，2018 年的增长速度预测为 122.90%。从艾瑞、前瞻产业研究院的资料我们可以看到，见图 8.2，我国互联网金融的规模呈现不断上升趋势。交易规模的巨大说明了我国互联网金融的远大前景，但这种增长的背后隐藏着的危机是我们急需解决的。

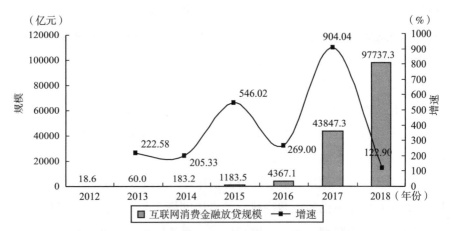

图 8.2 2012～2018 年中国互联网消费金额放贷规模

资料来源：艾瑞、前瞻产业研究院整理。

由于我国互联网金融的起步较西方发达国家要晚，虽然现今发展迅猛，未来的前景预测好，但在高速的发展过程中爆发出来的问题是我们急需解决的。互联网金融还处于发展的初期，一切的制度都不够完善，立法执法层面上都还存在着盲点。另外，互联网金融的资金流动在我国目前的互联网金融体系下，得不到有效的保障，基于技术层面上的操作也并不领先于世界。同时，在互联网上进行交易，很多企业由于信息的监管不力使客户的资料泄露，人们的信息得不到保障，使得互联网金融失掉了信赖。若没有对危机进行有力的遏制，危机的爆发必然发生。

二、影响我国互联网金融发展的风险因素

（一）法律因素

由于互联网金融是一种新兴的金融模式，其法律风险主要表现在立法和执法这两个环节上。现在存在的金融法律条文大都基于解决传统金融的问题和规范传统金融而制定，关于互联网金融的相关法律条文的制定目前还处于起步阶段。在这种的局面下，一旦出现法律纠纷，没有相应的法律法规来进行指引和评价，将会破坏互联网金融发展的稳定，延缓互联网金融的发展进程。其次，没有相应的法律进行强制性实施，会产生很多漏洞，不利于进行监管。最后，问题爆发时才制定的法律具有严重的滞后性，使得法律法规不能在当下发挥作用，不能进行有效的判定。而立法的难处也体现在线上交易判定很难促成。在一定的程度上，法律很难运用到这种新兴的领域中来。

在执法上，互联网金融利用互联网技术与金融行业相结合的 P2P 网贷和众筹由于进入的门槛比较低，而且都是线上交易，容易被别有用心的人利用，非法占有公众财产、诈骗，扰乱了金融秩序，因而犯下非法吸收公众存款罪、集资诈骗罪等。互联网金融的交易因为突破了时间地域的限制，对交易者的身份很难进行线下核实，非常容易发生恶意诈骗的行为；再者，由于资金的

来源难以进行合法性的检测，再加之可进行多次资金周转，为洗钱等非法行为提供了条件。这种法律方面的漏洞和空白，对互联网金融的发展产生非常不利的影响。

（二）资金安全因素

首先，互联网金融使用的货币本身就存在着资金安全风险，互联网金融一般都是通过电子货币来进行交易，电子货币是指用一定金额的现金或存款从发行者处兑换并获得代表相同金额的数据，通过使用某些电子化方法将该数据直接转移给支付对象，从而能够清偿债务。严格意义是消费者向电子货币的发行者支付传统货币，而发行者把与传统货币的相等价值，以电子形式储存在消费持有的电子设备中。更有一些交易是通过虚拟货币，如比特币来进行的，这种虚拟货币在带来方便的同时也存在着极大的安全风险，而这样的虚拟货币交易无疑给了不法分子可乘之机，通过互联网技术盗取或修改资金的详情，致使资金的安全得不到有效的保障。资金安全得不到有力的保障，一切都是空谈。

其次，互联网金融的支付一般通过第三方平台来进行，并且类似"余额宝"等收益类产品和服务的推出，使得第三方平台获得巨额资金，因此存在抽调资金去进行其他项目的极大可能性，一旦资金链出现断裂，或者资金流动性得不到保障，这一系统将面临崩溃的风险。再者，众筹和P2P网贷由于平台的局限性，借贷双方因为得不到预期的收益而形成的违约风险使得资金得不到有效的保障。更有甚者，互联网金融的发展虽快，可毕竟还是一种新兴的金融模式，参与的客户的投资心理不成熟，容易被诱导，对投资的取向进行修改，这样很容易导致资金链出现断裂，出现危机。例如，首家获得中国银监会核发牌照的互联网金融企业杭州的"数银在线"（集成银行的信贷产品，客户通过其平台比较并进行贷款），由于自身的可持续性资金不多，对大银行来说，小客户没有收取佣金的必要，而为了获取更多的高质客户也没有收取足够的佣金。在最大的投资股东浙银资本突然撤资之后，陷入危机。从"数银在线"的例子我们可以看出来，一个红红火火的企业一旦资金链断裂，资金得不到延续，企业分崩瓦解仅在一瞬之间。

互联网金融的资金安全对于互联网金融的发展是至关重要的，一旦资金安全得不到保障，整个领域的发展将无法进行。

（三）信息监管因素

在互联网金融的发展过程中，大数据发挥着越来越重要的作用，大数据的搜集和应用在互联网金融的企业中至关重要。大数据中涉及了关于客户的交易详情、资信情况以及潜在的倾向等资料，因此，数据的监管也尤为重要。但由于我国的互联网技术还不够发达，信息的安全得不到保障。客户的隐私如同货物一般被挑拣，得不到有效保护。再者，在互联网金融的交易过程中，双方的交易过程在线上进行，缺乏相关的安全法律规范，也没有与之相应的高端互联网技术相匹配，信息暴露的风险加大，会造成双方信息的不对称。而且，在现代经济的迅猛发展下，越来越多的金融交易通过互联网来进行，这也加重了信息监管的压力，在这种压力之下，信息监管的漏洞也是很容易被捕捉的，这是新时代的新危机。信息化的金融业务领域比如电子银行也同样面临着信息泄露的风险，各种业务办理的密码若被木马程序所盗取，将会造成资金的损失，同样，这种情况也可能发生于第三方支付中，交易信息若得不到保障，那么互联网金融将失去存在的意义。

特别是在互联网金融领域，信息的泄露更是涉及银行卡、信用卡等危及个人资金安全的敏感信息。一旦用户的敏感信息泄露，将会造成巨大的损失，甚至引起恐慌，波及整个互联网金融乃至整个金融业。如果这种信息的泄露没有被有效遏制，对于互联网金融的发展来说，是巨大的隐患。

（四）技术因素

由于互联网金融所使用的计算机、路由器等硬件设备和操作系统、数据库等软件绝大部分均从国外引进，我国金融界在这些设备与系统的性能方面掌握不全面，在数据加密和身份判别上，我国也缺乏拥有自主知识产权的一整套加密和解密技术系统，因此很容易由于技术的不足而爆发风险。在互联网技术发展的同时，计算机病毒也日新月异，病毒通过互联网的交流而传播，破坏计算机系统，使系统崩溃，数据丢失。再者，在大数据运用的大环境下，各类互联网金融企业互相挤对竞争对手，以获取客户的深层信息，在这种恶性竞争的情况下，很容易使客户的利益得不到保障。

技术风险也包括操作风险，由于在线上交易，客户不熟悉操作进程，单凭指示很容易发生操作失误。另外，当前市面上存在很多钓鱼网站，客户由于不能分辨真假，容易被误导做出不当的操作致使资金损失。也有很多互联网金融公司出现操作失误，如由于高端技术人员的不足，对危机的防范意识不到位，对设备的投入力度不够，有极大的可能性致使交易陷入危机之中。

根据网盾宝 2015 年对 124 家互联网金融平台的安全检测显示（见图 8.3），有效调查平台 102 家。其中，只有 16.7% 的平台相对安全，高危漏洞平台有 48 家，有 62 家平台被中危漏洞威胁，低危漏洞更是有 85 家平台，这样的数据说明了我国互联网金融平台的严峻形势，漏洞的存在给了不法分子

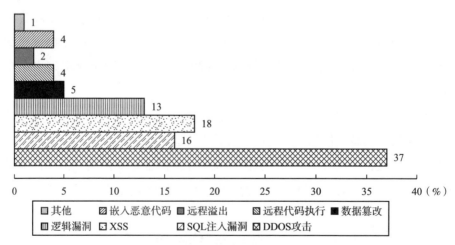

图 8.3　2015 年互联网金融领域黑客攻击手段及比例调查数据

资料来源：网盾宝。

可乘之机的同时也会让互联网金融用户萌生出不安之感。图 8.3 对目前互联网金融领域黑客攻击手段及比例的数据分析，我们可以发现黑客的攻击手段不仅丰富多样，而且多是针对互联网金融平台进行的技术性攻击。根据统计，黑客对互联网的攻击在全球范围内有 40% 是针对金融系统的，而在我国这个数据则达到了 60%。若我国的互联网金融领域再不加强技术性更新、防范，特别是保证信息在银行和客户之间的有效、准确传达，那么，我国的互联网金融将遭受毁灭性灾难。

三、造成我国互联网金融风险的原因分析

互联网金融在不断的发展过程中，同时也面临着各种风险。我们在危机发生的同时，也要知道危机为何发生。只有从根源上找出我国互联网金融风险发生的缘由，那么就可以从源头出发，将危机遏制，合理地规避风险。我国互联网金融的风险主要可以从内外两个方面来分析其发生的原因。

（一）内部原因分析

互联网技术不发达就可能存在信息安全的隐患。作为和互联网技术结合的金融模式，在享受互联网的便利的同时，也可能饱受互联网的不足之处的牵绊。在我国，互联网科技没有国外发达，大部分核心技术从国外引进，因此技术的不足将会导致应对方式的不全面。再者，从来没有固若金汤的互联网交易手段存在，因此，在互联网金融的交易过程中出现系统性故障、病毒侵入的可能性极大。这种原因主要在于互联网本身的特性，只能加强防范措施来加以改进。再加上我国本身高端互联网技术人员的缺失，也是造成互联网金融的技术层面薄弱的原因所在，要加强技术人员的整合，形成符合我国互联网金融所需的人才群体。

互联网金融的交易在一定程度上依赖于大数据、云计算等深层次信息数据处理技术，而我国的征信机制并不发达，从单个数据上的"一纸半面"并不能体现出个人的详尽情况。现有的征信体系难以满足日渐发展的互联网金

融，而网络数据的采集则需要对亿万的受众进行个人偏好性分析，征信收集，无疑是难度非常之大。大型企业为了自身的优势地位，势必不会同意将数据共享，而小型企业则很难收集有用的数据。同时，互联网金融对数据信息的保障机制也不健全，用户的隐私得不到保障，并且相关信息的存储也不能得到十足的肯定。这样一来，若问题没有有效的解决，在未来的较长的一段时间里，整个互联网金融行业的发展将会滞后。

结构性风险也是互联网金融可能爆发的原因之一。现存的互联网金融的模式中，众筹和P2P网贷由于自身的结构性，再加上交易的平台本身也存在着安全性隐患，筹资者、借贷双方，其中任何一个不能如期履约，将造成严重的资金损失。第三方支付的结构性则容易被不法分子用于洗钱、套现等违法行为。结构性风险没有有效的强制性条约进行控制，将会爆发新的信任危机。除了模式中本身存在的结构性风险外，对于整个模式，没有一套行之有效的内部控制制度来对互联网金融的从业人员进行结构性风险控制，这也是风险发生的原因之一。

（二）外部原因分析

互联网金融主要是通过互联网技术来进行各种金融交易，交易的"门槛"相对于传统金融来说较低，各种违法违纪的行为会使得资金受损、市场动荡。由于国内在互联网金融领域的法律法规的缺失，所以在互联网金融领域内没有一套行之有效的规范可以用来进行指引、评价。法律法规的重要性在于它的权威性和强制性，它是任何互联网金融的相关从业者或者用户都必须遵守的准则。没有合适的法律法规，整个互联网金融领域不可能会长期持续地发展下去，必将陷入混乱之中。

资金的高度流动性也是互联网金融危机的一大缘由。流动性风险是商业银行最致命的危险，同样，也是互联网金融的不可避免的危机。通过互联网金融来进行投资的用户一般都具有经济人的特性，趋向收益率高的方向投资，众多互联网金融企业以高利率吸引投资，一旦达不到客户预期，资金不能迅速回流，资金链出现断裂，企业将面临破产。再者，互联网消费促销的高峰期，如年节时期，用户消费出现高涨，没有合理有效的保障制度，同样也可能出现资金不能回流的现象。最重要的是，在资金高度流动性的同时，全国乃至全球的互联网金融在无形之中有着千丝万缕的联系，一旦一个企业发生危机，这种危机将会迅速放大，波及周边，若发生危机的企业的地位很微妙，甚至有可能将危机蔓延至全球。这种危机的发生和之前发生的次贷危机以及欧债危机有着相同之处，都是由于局部爆发危机从而席卷全球。若互联网金融的外部性危机没有得到有效的控制，那么，下一次金融危机的爆发很有可能从互联网金融领域开始。

第二节　我国影子银行的发展现状与影响因素分析

影子银行这个概念在我国金融体系中一直都存在，但在 2007 年美国金融危机爆发后，影子银行才开始活跃。影子银行一般以投资银行、对冲基金、货币市场基金、债券、保险公司、结构性投资工具等非银行金融机构的形式存在。随着经济发展速度的加快，影子银行在金融系统中发挥的作用越来越大，效果越来越强。而政府对这种影响力是无法硬性调控的，因为影子银行所涉及的范围广，每一样金融工具对市场的效果都不一样。随着经济的发展，非银行金融工具市场愈加火爆。每一位经济参与者手里可以进行投资的资金越来越多，非金融市场正好提供一个投资选择。一方面，影子银行丰富了金融市场，使投资者不局限于银行中的金融工具，让资本流通市场更加繁荣。另一方面，影子银行中的不确定因素太多，政府很难把控非银行金融系统的工具。

一、影子银行的界定与我国影子银行的发展现状

（一）影子银行的有关概念和特征

1. 影子银行有关概念

影子银行系统，它包括投资银行、对冲基金、货币市场、债券、保险公

司、机构性投资等非银行金融机构。"影子银行"的概念诞生于2007年的美联储年度会议。

"影子银行"是美国次贷危机爆发之后所出现的一个重要金融学概念。它是通过银行贷款证券化进行信用无限扩张的一种方式。这种方式的核心是把传统的银行信贷关系演变为隐藏在证券化中的信贷关系。这种信贷关系看上去像传统银行但仅是行使传统银行的功能而没有传统银行的组织机构，即类似一个"影子银行"体系存在。而住房按揭贷款的证券化是美国"影子银行"的核心所在。这种住房按揭贷款融资来源方式的改变，不仅降低了住房按揭者的融资成本，也让这种信贷扩张通过衍生工具全球化与平民化，成了系统性风险的新来源。

在中国，"影子银行"的概念至今没有一个明确的界定，只要涉及借贷关系和银行表外业务都属于"影子银行"。据中国银行业监管机构2013年估计，其规模达到8.2万亿元人民币（合1.3万亿美元），很多业内分析师估计占GDP的40%。中国最大的影子银行是信托投资公司，信托投资公司是一种以受托人的身份，代人理财的金融机构。它与银行信贷、保险并称为现代金融业的三大支柱。我国信托投资公司的主要业务：经营资金和财产委托、代理资产保管、金融租赁、经济咨询、证券发行以及投资等。

2. 影子银行的特征

第一，影子银行作为非银行的金融工具，其作用在于为投资者盈利。使用证券发行或者投资等手段，利用其流动性赚取利润。

第二，提高了金融市场资本的流动。投资者增加了投资选择，分散了资本的风险，更多的投资者看到这些利润空间，便会利用其资金进入，在投资者盈利的同时，加快资金的流动。

第三，加大了整个金融资本市场的风险。影子银行的业务不属于银行业务，成本会减低，因为不存在类似银行准备金的准备成本，而在这种条件下，资金在难以周转和协调的时候，没有准备资金进行流通，连平仓的机会都没有，加大了金融系统的风险。

（二）我国影子银行的发展现状

我国的影子银行起步晚，除了民间借贷和地下钱庄，其他新兴金融类影子银行业务大多是近几年发展起来的，虽然这些业务起步晚，创新程度低，但是这些业务发展速度快、潜力大。现在介绍影子银行在我国的现状。

1. 传统影子银行发展

历史中出现过很多民间借贷问题和地下钱庄，这些在现在的金融业务中也是影子银行。在我国，民间中的影子银行最明显的就是几年前温州市的小额贷款机构，因为中小企业进入银行进行贷款比较困难，而在民间借贷方便，没有抵押条件，但是利息颇高，对于急需资金周转和短期贷款的投资人比较方便。温州是一个经济比较繁荣的城市，很多工厂，资金需求比较大，这些便是此次事件的诱因。借贷的人越来越多，牵涉的范围越来越广，大部分人的利益都开始联系在一起，一旦在某个环节出现错误，整个资金链就会失衡。在此之后，我国重视起影子银行的效用。

2. 现代金融市场下的影子银行发展

我国影子银行在我国市场存在的形式是信托投资公司，确切来说，银行的表外业务，基本上是影子银行。它是一种以受托人的身份，代人理财的金融机构业务。信托公司在管理信托财产时应恪尽职守，履行诚实、信用、谨慎、有效管理的方针。信托公司依据信托合同约定管理信托财产所产生的风险，由信托财产承担；信托公司违背信托合同、处理信托事务不当使信托财产受到损失，由信托公司以固有财产赔偿。不足赔偿时，由投资者自担，在这种条件下，投资者的利益没有保障，投资者对影子银行也会失去信心。

自 2008 年金融危机后，中国影子银行的规模迅速增长，2009 年影子银行的贷款额达到了 6.37 万亿元，同比增长了 511%。在 2014 年，央行加强对影子银行监管，影子银行规模再次大幅度增长，2015 年时，我国影子银行贷款额比上一年上升了 202%（见图 8.4）。

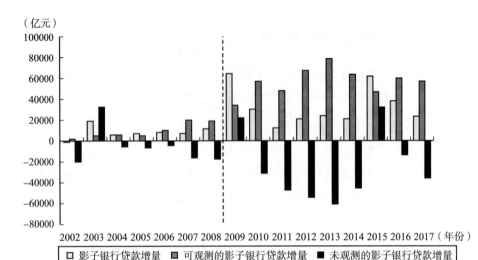

图 8.4　中国影子银行贷款增量（2002～2017 年）

资料来源：张蕾. 中国影子银行规模、影响因素和发展建议 [J]. 中国物价, 2019 (7)：56–59。

（三）我国影子银行和国外影子银行的区别

我国影子银行和国外影子银行有很大的区别，国外影子银行的资金来源、发展进程、发展原因、金融工具、组成结构上和我国不一样。

1. 资金来源不同

国外资金的来源是资产市场，通过证券化的发展，使资金流入影子银行；在我国，主要是靠储户的委托资金，很少通过证券化来获得资金。

2. 发展进程不同

国外的金融系统完善，经济发展成熟，影子银行是从资本证券化中发展和分离出来的，目前基本上是在资本市场上进行融资和投资；在我国，影子银行还未发展成熟，影子银行还没和市场结合起来，没有成为独立的发展投资方向，金融创新程度低于西方国家。

3. 发展原因不同

西方国家影子银行的发展原因是证券市场发展完善，是影子银行分离出来，成为可以独立投资的业务，有独立的资金和投资人；而我国的影子银行，是在政府宏观调控中发展的，初期只出现在中小型企业和房地产市场，这些需要资金的市场在商业银行无法获得他们想要的资金，为了追逐利益，便出现了影子银行。

4. 金融工具不同

在西方发达金融体系中，影子银行建立在衍生品、证券化的工具基础上，而且从产品到部门到市场，都有具体的明确分工体系和管理体系，这些金融工具可以被不同的金融机构所运用，并且在彼此之间形成了复杂的关系；在我国，虽然银行的表外业务都属于影子银行业务，但是具体的划分和市场都没有形成，更无所谓部门和管理条例，在规模和资金上无法和西方市场相比。

5. 组成结构不同

西方影子银行的代表性机构是投资银行、对冲基金和私人股权基金等，它们经常与商业银行和投资银行捆绑在一起，相互之间进行资金和产品的流通，直接放大货币和银行的信用；我国的影子银行大多以信托公司的形式存在，无法成为比较活跃的金融产品，市场的流通量和流通速度都不大。

二、影响我国影子银行发展的因素分析

经济发展水平的影响。一个国家的经济发展水平越好，会使得正规经济发展得越好，更多的钱会流入到正规银行信贷体系。

货币市场与资本市场的影响。在货币市场，货币资金的成本会对其规模产生影响。影子银行作为非银行的金融工具，其作用在于为投资者盈利。使用证券发行或者投资等手段，利用其流动性赚取利润。如果货币市场的资金成本较低，很多投资者会放弃影子银行赚取利润。同理，在资本市场上，如果资本市场发展的越健康，将会有越多的主体选择从资本市场上来融资或者投资，而放弃通过银行的影子部门进行融资或者投资的方式。

外汇市场的影响。在外汇市场上，如果人民币对主要货币贬值，则说明外汇市场上人民币的供给充足，货币供给充足会促进影子银行规模扩张。此外，人民币贬值会引起民间消极情绪蔓延，很多投资者会选择境外投资规避贬值风

险，将导致国内市场资金缩减，因此，对传统影子银行的规模会产生消极影响。

金融结构的影响。中央银行为了防范热钱过多流入，人为压低了利率，制定了刺激投资从而带动经济发展的宏观调控政策，迫使资金需求跳出了银行系统。而且在金融抑制背景下，信贷资源供给是不公平的，分配不均会使很多有潜力的经济体很难获得足够的运营资本，这将使这些需求主体谋求非银行的信贷，包括信托贷款、委托贷款、民间融资等，从而推动影子银行发展。

政策的影响。人民币存款准备金利率的提高会增加影子银行的规模。当央行提高存款准备金时，银行体系的资金成本会提高，银行出于利益的考虑，将会选择将更多资金转移到表外业务，从而促进影子银行的扩张。积极的财政政策也会促进影子银行规模扩张。政府扩大财政支出，将会增加市场上的货币供给，导致更多钱进入影子银行体系中。

第三节　金融开放进程下我国金融服务贸易的发展水平及影响因素分析

随着社会的逐步发展以及经济全球化的不断进步，全球产业结构的调整以及升级变得越来越重要，从各个国家的经济整体结构来看，金融服务贸易成为新时期服务业十分重要的组成部分之一，各国的国际竞争力依赖各国的金融服务贸易水平的高低。在服务贸易发展迅速的今天，我们可以用它来衡量一个国家的经济发展和国际竞争力。通过对本书的研究，我们能够清晰认识中国金融服务贸易的国际竞争力及其影响因素。

一、我国金融服务贸易的发展现状分析

（一）我国金融服务贸易的发展总体情况分析

我国是一个发展中国家，我国的服务贸易起步相对来说比较晚。从新中

国成立后到改革开放前，我国由于在分析制定经济发展战略等方面的问题，一直以第一产业和第二产业为重，而作为第三产业的服务业始终是被忽视的。长此以往，我国的服务业在整个经济发展中受到了一定的限制。所以，在改革开放之前的很长一段时间里，我国的服务业发展的十分缓慢。在这基础上，我国的服务贸易也很难发展起来。但从改革开放后，中国政府开始认识到服务业的重要性，并制定相关的政策性措施推动它的发展，由此我国服务贸易快速地发展起来。2000~2017 年，我国服务贸易进出口总额由 664.6 亿美元增长到 6783 亿美元，大幅增加了 10 倍左右。

而在服务贸易这个总体中，金融服务贸易作为必不可少的一部分，不仅具有不可估量的发展潜力，而且对一国经济的发展起着积极促进作用，它在服务贸易中发挥着越来越突出的作用。在服务贸易的发展初期，金融服务贸易的起步是比较晚的，但随着 2001 年我国加入世界贸易组织，我国对外贸易的开放程度进一步的扩大，同时我国的金融服务贸易领域也得到了进一步的扩大，随之推动着我国金融服务贸易的快速发展。虽然，在近年来，金融服务贸易进出口量保持增长趋势，但是它在服务贸易中所占的比例是比较小的，且我国的金融服务贸易还处在发展初期的阶段。通过表 8.1 可以看出，2008~2017 年的金融服务贸易进出口方面来看，我国的金融服务贸易的进出口额增长较快速。在这 10 年间，进出口额由 2008 年的 8.80 亿美元增长到了 2017 年的 50.00 亿美元，增长了约 5 倍。同时在这 10 年间我们可以看出，2008~2014 年的金融服务贸易占服务贸易总额的比重在逐年上升，到 2013 年已经占比 1% 以上了，2015 年可能受到世界经济低迷的影响，有下降的趋势，但总体发展状况十分的不错。虽然进出口额的增速较快，但是我国的金融服务贸易是处于一个逆差较大的状况，并且进出口差额一直在不断地加大。就贸易平衡来说，它处在一个进出口贸易失衡的状况，这说明我国的金融服务贸易的发展较依赖于国外的进口；并且在接下来很长一段时间，这种状况还会持续下去。可见，我国的金融服务贸易还有很长一段路要走。

表 8.1 中国金融服务贸易进出口额占总服务贸易情况

年份	金融服务贸易进口额（亿美元）	金融服务贸易出口额（亿美元）	金融服务贸易进出口总额（亿美元）	服务贸易总额（亿美元）	金融服务贸易占总服务贸易比例（%）
2008	5.65	3.15	8.80	3060.34	0.29
2009	6.43	3.56	9.99	2883.31	0.35
2010	13.87	13.31	27.18	3554.86	0.76
2011	7.47	8.49	15.96	4336.63	0.37
2012	19.26	18.86	38.12	4828.76	0.78
2013	36.91	31.85	68.76	5376.13	1.28
2014	49.40	45.31	94.78	6520.23	1.45
2015	26.45	23.34	49.79	6531.18	0.76
2016	20.33	31.74	52.07	6499.54	0.80
2017	15.99	34.01	50.00	6783.23	0.74

资料来源：国家统计局。

（二）我国金融服务贸易发展的特点

随着近年来经济全球化的不断发展、全球信息技术的不断进步，我国的服务业在国民经济的地位不断的上升。虽然这些年中国在加入 WTO 后，金融服务贸易等高附加值服务贸易快速地发展起来了。总的来看，我国金融服务贸易的发展还处在初期，它只占世界金融服务贸易的一小部分。在中国的服务贸易中所占的比重也是很小的一部分，发展规模小；并且我国金融服务贸易的发展长期处在一个逆差的状态。

金融服务贸易的发展在投资方面有着投资主体多元化的特点。按照服务贸易总协定（GATS）的分类，金融服务贸易可以分成保险、证券、银行、基金、金融信息等类别。但是我国金融服务贸易发展的贸易内部结构长期处在不平衡的一个状态下。在 2001 年我国加入 WTO 后，开放了我国国内的金融市场，金融服务贸易开始迅速发展起来，在 2001~2012 年，保险业进出口总额占了金融服务贸易进出口总额的一大部分；而其他的金融服务贸易只占了很小的一部分，使得金融服务贸易的内部结构一直处在不平衡的情况。从 2013 年开始它的内部结构有所改善，其他金融服务贸易比重也开始有所上升。

二、我国金融服务贸易国际水平测度

（一）国际市场占有率分析

国际市场占有率是指某个国家或某一地区的某产业的总出口额与全球该产业的总出口额的比值。国际市场占有率这一指标是用来反映一个国家某一产业在国际层面的竞争力。国际市场占有率的数据区间在 0 ~ 1 之间。当一个国家某产业的国际市场占有率越趋近于 1 的时候，它的总出口额在全球范围内所占的比例就很大，它的国际竞争力也越来越强。

全球的金融服务贸易的总出口额主要集中在美国、英国、日本、德国等发达国家，就拿美英日德四个国家来说，它们的市场占有率就高达 40%。而我国的金融服务贸易的总出口额相对于全球金融服务贸易的总出口额来说，所占的比重是非常非常小的。从表 8.2 中可以看出我国在 2008 ~ 2017 年的金融服务贸易国际市场占有率十分低；在 2014 年之前的市场占有率都低于 1%，且增长的幅度都比较低；到 2014 年之后的市场占有率才超过 1%，但到 2015 年又下降了。但是随着我国国力的不断提升和经济不断发展，我国金融服务贸易的国际市场占有率会不断地增长，国际竞争力也会不断地增强。

表 8.2　　　　　　　　　我国金融服务贸易国际市场占有率

年份	中国金融服务贸易出口总额（亿美元）	世界金融服务贸易出口总额（亿美元）	中国金融服务贸易国际市场占有率（%）
2008	3.15	3544.30	0.0889
2009	3.56	3158.80	0.1127

续表

年份	中国金融服务贸易 出口总额（亿美元）	世界金融服务贸易 出口总额（亿美元）	中国金融服务贸易 国际市场占有率（%）
2010	13.31	3391.30	0.3925
2011	8.49	3878.90	0.2189
2012	18.86	3795.80	0.4969
2013	31.85	4237.70	0.7519
2014	45.31	4498.50	1.0072
2015	23.34	4399.60	0.5305
2016	31.74	4393.80	0.7224
2017	34.01	4636.90	0.7335

资料来源：UNCTAD 数据库。

（二）贸易竞争力指数分析

贸易竞争力指数，即 TC 指数，是指一国某产业的出口额与进口额的差额所占该产业进出口总额的比重。相对于国际市场占有率来说，它除去了通货膨胀、经济扩张等宏观因素波动的影响，结合了该产业的进出口额，更好地反映一国产业的国际竞争力。该指数的波动范围在 $-1 \sim 1$ 之间。当一国某一产业的该指数越接近于 1 时，说明该产业的国际竞争力越大；当该指数越接近于 0 时，则它越接近世界的水平；当该指数越接近于 -1 时，说明该产业的国际竞争力越小；当该指数等于 1 时，说明该产业只有出口；当该指数越接近于 -1 时，说明该产业只有进口。

通过表 8.3 我们可以看出，中国除了在 2011 年、2016 年和 2017 年 TC 指数为正数外，其他年份均为负值，由此看来我国的 TC 指数的波动较大，国际竞争力较弱；相比中国，其他国家的 TC 指数均大于 0，相对较稳定；而且美国和英国的 TC 指数一直保持在较高的水平，波动在 0.6 附近，国际竞争力较强。

表8.3   2008～2017 年金融服务 TC 指数的国际比较

年份	中国	美国	英国	日本
2008	− 0.28	0.57	0.61	0.16
2009	− 0.29	0.63	0.65	0.22
2010	− 0.02	0.65	0.67	0.07
2011	0.06	0.64	0.67	0.10
2012	− 0.01	0.64	0.68	0.18
2013	− 0.07	0.63	0.63	0.12
2014	− 0.04	0.62	0.59	0.16
2015	− 0.06	0.60	0.69	0.26
2016	0.22	0.59	0.71	0.31
2017	0.36	0.58	0.71	0.22

资料来源：UNCTAD 数据库相关数据计算得出。

（三）显示性比较优势指数分析

显示性比较优势指数（revealed comparative advantage index，RCA）是指某国的某种产业的出口额占该国出口总额的比重与全球的该产业的出口总额占全球出口总额的比重的比值。它的计算公式是：

$$RCA_{ef} = (X_{ef}/X_e)/(X_{wf}/X_w)$$

其中，X_{ef} 是指 e 国的 f 产业的出口额，X_e 是指 e 国的出口总额，X_{wf} 是指全球的 f 产业的出口总额，X_w 是指全球的总出口额。当一国的某产业的 RCA 指数大于 2.5 时，表示该产业的国际竞争力极强；当 RCA 小于 0.8 时，表示该产业的国际竞争力弱；当 RCA 在 0.8～1.25 之间时，表示该产业的国际竞争力较弱；当 RCA 在 1.25～2.5 之间时，表示该产业的国际竞争力较强。它是来衡量一国产业在全球的国际竞争力最佳的一个指标，通过它我们可以得出一个国家的哪种产业更具备国际竞争力，来反映一国的竞争地位。

通过表8.4 我们可以看出，2008～2017 年，我国的 RCA 指数与表8.4 中的3 个国家相比较是较弱的，说明我国的国际竞争力较弱；英国金融服务贸易具有较高的 RCA 指数，基本维持在 2.5 以上的水平；其次，美国 RCA 指数呈现缓慢增长趋势，也在 2.5 左右波动，说明英美两国的国际竞争力较强；而日本的 RCA 指数在这期间一直小于 0.8，但相对于中国来说，它的 RCA 指数比中国的高，说明日本的国际竞争力比中国强。我国的 RCA 指数虽然相比于其他国家较弱，但是自 2008 年起，它一直在稳定地增长，说明我国的金融服务贸易的发展很有潜力。

表 8.4　　　　　　　　2008～2017 年金融服务贸易 RCA 指数的比较

年份	中国	美国	英国	日本
2008	0.06	2.21	5.72	0.36
2009	0.07	2.26	6.05	0.37
2010	0.09	2.35	5.72	0.27
2011	0.11	2.35	5.58	0.32
2012	0.13	2.32	5.74	0.26
2013	0.12	2.42	7.08	0..24
2014	0.13	2.34	7.49	0.45
2015	0.12	2.46	7.53	0.47
2016	0.14	2.68	7.38	0.43
2017	0.12	2.79	7.55	0.49

资料来源：UNCTAD 数据库相关数据计算得出。

（四）金融服务贸易开放度分析

金融服务贸易开放度是用对外贸易依存度来进行衡量的。对外贸易进口依存度是指一国金融服务贸易的总进出口与 GDP（国内生产总值）或 GNP（国民生产总值）的比值。当一个国家的经济不断发展的时候，并随着世界经济全球化，该国金融市场也会不断开放，开放的金融市场会使该国的金融服务贸易的发展在国内有很大的效益，同时也会提升它的规模和质量。

从表8.5中我们可以看出，我国的金融服务贸易开放度并不高。虽然它的进出口总额在快速增长，但是中国 GDP 的增长速度大于金融服务贸易的增长速度，所以导致我国的金融服务贸易的市场开放度一直不高。虽然我国的金融服务贸易开放度并不高，在 2008 年时只有 0.02% 左右，但是它一直在不断地增长，到 2017 年时，金融服务贸易开放度为 0.04%；在 2014 年的时候还到了 0.09%。

表 8.5　　　　　　　　　　我国金融服务贸易开放程度

年份	金融服务贸易进出口总额（亿美元）	中国 GDP（亿美元）	金融服务贸易开放度（%）
2008	8.80	45982.06	0.01914
2009	9.99	51099.54	0.01955
2010	27.18	61006.20	0.04455
2011	15.96	75725.54	0.02108
2012	38.12	85605.47	0.04453
2013	68.76	96072.24	0.07157
2014	94.78	104823.72	0.09042
2015	49.79	110646.66	0.04500
2016	52.07	111909.93	0.04653
2017	50.00	122377.00	0.04085

资料来源：国家统计局。

三、影响我国金融服务贸易发展水平的因素分析

在上文中，我们研究了我国金融服务贸易的发展现状以及通过四个指数来说明了它的国际竞争力。我们发现我国金融服务贸易的内部结构不平衡、

进出口贸易也处在一个失衡的状态，并且它的国际竞争力也较弱，与世界发达国家相比差距大。所以我们对影响我国金融服务贸易国际竞争力的因素进行研究，找出关键所在，为更好地解决问题提出建议。我们根据波特的国家竞争优势钻石理论，从生产要素、需求要素、相关及支持性产业和政府政策四个方面进行分析，讨论各个因素的意义和对我国金融服务贸易国际竞争力的影响作用。

（一）生产要素的影响

生产要素，是经济学中的一个基本范畴。生产要素又可以分成两类，一类是初级生产要素；另一类是高级生产要素。初级生产要素主要是指一个国家先天拥有的自然资源、气候和地理位置等资源；而高级生产要素是指社会和个人通过投资和发展、创造等后天得来的因素。如果一个国家想要取得国际竞争力上的优势，对于他们来说，高级生产要素比初级生产要素要更为重要。本书主要研究我国金融服务贸易的国际竞争力，关于生产要素的讨论，我们主要从高级生产要素出发。我们将从高级生产要素的资本要素、人力资本要素、技术要素三方面出发进行分析。

1. 资本要素

作为金融服务贸易来说，资本要素是必不可少的生产要素。金融服务贸易所涉及的一切活动都是需要资本来参与，资本有时候决定着它的国际竞争力。我们主要从资本的三个方面来进行分析：规模经济、抗风险的能力和信用度。在一个行业内，投入的资本越多，它就越有利于实现规模经济，当资本的积累到一定程度，就越容易实现企业的规模经济。企业通过规模经济来降低成本，实行"多品种、少批量、大量生产"，来提高企业的国际竞争力。一个企业的规模经济效用越明显，它的抗风险能力也越强，信用度也越高。对于一个金融服务业来说，信用度和抗风险能力是十分重要的。你的信用度和抗风险能力越高，别人才相信你。对金融服务业信用度和抗风险能力的评估等级起决定因素的主要是资本。当一个金融机构的资本积累越多时，它的信用度会越高，相应的抗风险能力也越强，它的国际竞争力也越强；当资本积累越少时，信用度和抗风险能力越低，国际竞争力也随之下降。综上所述，资本要素的积累对于金融服务贸易发展的重要性不可小看。

2. 人力资本要素

人力资本是指体现在劳动者身上的资本，如劳动力通过教育、培训等获得的知识技术等资本。对于金融服务贸易这种高附加值的贸易来说，对人力资本的要求是比较高的。高知识性的人才对于金融行业的发展起着较为关键的作用。人力资本的培养在一定程度上能够促进金融行业的快速发展。金融服务业属于人力资本密集型产业，增加人力资本投资，不仅可以产生规模经济，还可以延长行业的生命周期，提高盈利能力。金融部门按专业化分工分成一步一步的过程，有效地分离和协调了生产和消费，以及提高了工作速度和金融服务质量，同时节省了劳动力成本。增加人力资本，可以促进金融创新，使金融企业更有利可图，从而提高金融行业在国际上的竞争力。

3. 技术要素

科学技术是第一生产力。在经济全球化的今天，科学技术变得尤为重要。金融服务业既是一个人力资源密集型产业，也是一个技术密集型产业。技术的进步能够促成劳动力和资本的节约。所以技术要素在很大的程度上影响着资本、人力资本要素以及产业在国际上的竞争力。在当今的社会，金融业越来越依赖于互联网平台，互联网金融成为发展主流。在金融服务方面，越是发达的国家互联网金融的技术越发达。目前，中国的互联网金融尚未赶上发达国家，所以在当今的中国一方面我们要通过技术改革推动互联网金融的发展。与此同时，技术将逐步突破互联网金融领域的风险壁垒，使数字包容性金融服务体验更好，降低壁垒，为人民带来更广泛的利益。另一方面利用互联网技术能够更好地节约资本，方便客户和提高金融服务的效率。

（二）需求要素的影响

在波特的国家竞争优势钻石理论中，他认为国内需求状况是决定特定行业是否具有国际竞争力的重要因素之一。他认为，国内需求对竞争优势的影响主要来自三个方面：第一，如果国内市场相关产业的产品需求大于海外市场，那么它具有规模经济，这有利于在该国建立国际竞争优势；第二，精明和挑剔的消费者对公司施加压力，要求他们提高产品质量、性能和服务；第三，如果国内需求先进，那么服务它的国内制造商也将领先于世界上其他制造商。国内市场的大小影响着需求，而需求的多少又关乎着该产业是否能够在国际上取得领先的地位。

在本书中我们主要通过城镇居民可支配收入来分析我国金融服务业在个人层面的需求状况。随着经济的发展，中国城镇居民收入水平的不断提高，我国的城镇居民人均可支配收入已经从 1978 年的 343 元增长到了 2017 年的 36396 元，增长了 106 倍。我国城乡居民所拥有的总储蓄存款也从 1978 年的 210.6 亿元，增长到了 2014 年的 485261.30 亿元。我国的城镇居民可支配收入和城乡居民所拥有的总储蓄存款的增长都影响着国内市场对金融服务业需求的增加。2018 年，中国中小企业约有 4000 万家，占企业总数的 99%，对于中小企业而言，它们需要发展壮大企业，金融业可以通过投资、融资和贷款等渠道为中小企业提供所需的资金，使企业发展起来。

（三）相关及支持性产业的影响

波特认为如果一个国家想得到长久的国际竞争优势，务必得到在国际上有竞争力的供货商和相关行业的帮助。一个产业的发展不能单独依靠自我发展。需要发展和成长的行业不可避免地与之相关并具有支持作用的行业之间是密不可分的。金融业的创新离不开人才的发展，金融业对员工的教育水平有较高的要求，金融业如果需要提高员工的教育水平可以通过与教育业进行一定的沟通，推动教育部门培养适应金融业发展的优秀人才，进行对应的人才输入。金融服务业的发展也与信息技术产业的发展有关。众所周知，越是发达的国家，信息技术产业越是发达，在全球推动产业转型中，信息技术已经成为核心力量之一。对于金融服务业而言，信息技术能够提高企业原有的工作效率，节省成本，并使企业获得巨大的经济效益。这将促进中国在该行业的国际竞争力的提升。所以说一个产业要想有较好的发展，在与相关产业的合作方面，也要有较好的发展。

（四）政府政策因素

一个国家经济的快速发展离不开政府的工作支持。我国这些年金融服务贸易的快速发展离不开政府直接参与相关行业的支持、限制贸易的壁垒和制定的法律政策。在 2019 年 2 月 14 日由中共中央办公厅、国务院办公厅印发的《关于加强金融服务民营企业的若干意见》中，就有"加大金融政策支持力度，着力提升对民营企业金融服务的针对性和有效性"的内容，说明政府的政策对于金融企事业单位在一定程度上得到引导和推动。金融企业受制于金融服务贸易政策，制定生产标准和产品标准。在近年，我国政府对于金融服务业的发展，较主动地对相关产业的发展给予了一定的支持，并通过制定相关的政策进行一定的扶持，使我国的金融服务贸易在国际上的地位不断上升。但是它在制定相关的法律方面还有很多的不足，在这方面，政府应就金融服务相关的法律法规进行进一步的制定和完善。

第四节　普惠金融的发展现状及挑战因素

近几年，中国大力发展普惠金融，包括普惠金融的基础设施建设，引导创新的普惠金融产品和服务等。目前，中国普惠金融服务的覆盖面、可得性与满意度在不断提高。在第二章，本书已经介绍了普惠金融的定义。下面，本书结合相关文献分析我国普惠金融发展的现状及挑战因素。

一、我国普惠金融的发展现状

根据中国银保监会发布的《中国普惠金融发展报告（2018）》和中国人民银行货币政策分析小组发布的《中国区域金融运行报告（2018）》，中国普惠金融的发展现状特征如下。

(一) 基础金融服务的覆盖面在不断扩大

乡镇一级的银行物理网点与保险服务覆盖面也在逐步扩大。截至 2017 年末，中国银行业金融机构营业性网点总计 22.76 万个，银行业网点乡镇的覆盖率为 95.99%，其中 25 个省区市和计划单列市已经实现了"乡乡有机构"。农业保险乡村服务网点也达到了 36.4 万个，覆盖率为 95%，其中村级覆盖率超过 50%。截至 2017 年末，中国农村银行网点数量 12.6 万个，农村地区累计开立单位银行结算账户 1966.5 万户，个人银行结算账户 39.7 亿户，农村地区手机银行开通数累计 5.2 亿户，网上银行开通数累计 5.3 亿户。

城市社区与行政村的基础金融服务覆盖面也在不断扩大。截至 2017 年末，全国 ATM 机共有 96.06 万台，POS 机为 3118.86 万台。全国的基础金融服务覆盖了 53.13 万个行政村，覆盖率为 96.44%，15 个省区市和计划单列市已经实现了"村村有服务"。截至 2017 年末，城乡居民大病保险已覆盖 10.6 亿城乡居民。

(二) 薄弱领域金融可得性持续提升

截至 2017 年末，中国全国的银行业金融机构的小微企业与涉农贷款余额分别是 24.3 万亿元、31.0 万亿元，比 2016 年末分别增长了 16.4%、9.6%。

截至 2017 年末，全国的小微贷款余额约 27 万亿元，以 13.8% 的同期增长速度增长，增速约是 2017 年大、中型企业贷款增速的 2.3 倍和 1.9 倍。然而小微企业的贷款在市场所占分量却远远小于大中型企业。

同期，我国的涉农贷款余额也同比增长了 7.1%，已经达到了 28 万亿元，金融机构的参农能力在不断提高。

我国农业保险的发展势头良好，农业保险保费及赔付款呈现逐年上升的趋势，且保险赔付款及给付的金额在保费收入中占 50% ~ 70%，说明了我国农业保险的效率较高，这对我国普惠金融的发展也提供了更好的生存环境。

（三）金融扶贫攻坚成效显著

截至 2017 年年底，中国的建档立卡贫困人口和已脱贫人口贷款的余额为 6008 亿元，同比增长了 46.2%，产业精准扶贫贷款余额是 8971 亿元，同比增长 48.5%。

同时，我国实施央行低成本政策用资金引导来降低贫困地区融资成本。以宁夏为例，法人金融机构运用自有资金发放的个人精准扶贫贷款加权平均利率低于当地银行业金融机构贷款加权平均利率 5.3 个百分点。

保险健康的扶贫成效已经显现。截至 2017 年末，在全国 25 个省（区、市）1152 个县（市），保险公司承办了针对贫困人口的商业补充医疗保险业务，覆盖贫困人口达到 4635 万人。截至 2017 年末，在全国 275 个县（市）开展了医疗救助经办项目。

二、发展普惠金融面临的挑战因素

尽管我国的普惠金融工作取得了很多成就，但是在各地区的发展过程中也面临着一些问题与挑战。

一是供给与需求匹配度有待进一步提高。城市的金融发展水平较高了，但是农村的金融供给较少。由于农村金融服务成本相对较高、资本回报率较低等因素影响，农村地区存在着资金外流现象，而且农村金融体系存在不健全，普惠金融供给还不能满足需求。

二是四大地区的普惠金融发展不平衡制约了普惠金融的发展。东部地区对金融产品和服务的使用明显高于中西部地区，信贷、保险等金融服务资源很多都分布于东部，数字支付等新型业态在东部的发展也明显快于中西部地区。

三是普惠金融理念有待深入普及，消费者保护和金融素养有待进一步提升。

四是配套政策有待完善。普惠金融对象部分居住地偏远、抵押物缺乏、收入不高，普惠金融服务的商业可持续性将面临挑战，这客观上需要进一步完善配套的产业、财税、金融监管、法律法规等政策措施，加强信用信息体系建设，为普惠金融发展提供良好的政策环境。

第五节　我国金融一体化水平的现状与挑战因素分析
——以粤港澳大湾区为例

一国各个地区之间的金融活动互相渗透、相互影响，客观上促进了金融一体化的形成。有些地区为了自身能在经济合作交流时提高话语权、增强自身竞争力，正积极地发展推进自身金融一体化进程。粤港澳大湾区一体化进程正处在一个不断加快发展速度的时期，金融一体化是粤港澳大湾区一体化进程里的重中之重，因此粤港澳大湾区金融一体化的作用与面临的挑战研究应势而生。

一、粤港澳大湾区金融一体化的现状

截至 2019 年 3 月底，香港和澳门对广东实际投资金额累计分别达到 2919.3 亿美元和 104.5 亿美元，总量约占广东省实际利用外资总额的 2/3。广东在香港和澳门的实际投资额累计分别为 964.2 亿美元和 4.7 亿美元，在港澳投资总量占广东对外实际投资总额的近六成。随着广深港高铁香港段和港珠澳大桥 2018 年相继开通，粤港澳三地居民的往来变得更方便、更频繁，他们对金融服务的需求也更加迫切。2019 年 2 月，《粤港澳大湾区发展规划纲要》（简称《纲要》）发布，提出要扩大大湾区内人民币跨境使用规模和范围、强化金融市场互联互通等目标。

大湾区不单为香港金融业和金融科技服务提供了一个庞大的市场，也提供了创新科技的资源和力量。因此，香港特区政府一直担当积极参与者的角色，努力推动完善大湾区金融服务配套，力求让三地市民在大湾区内无论是

交通、购物、日常消费支付，还是银行和理财服务都能做到无缝对接。往后就国家发展的需要来说，人民币国际化与国外互联互通，通过香港这个稳当的、有防火墙、有试验田作用的地方来进一步推进是符合国家发展的需要，也是大势所趋。只要我们好好把握机遇，也把金融风险这个关把握好的话，粤港澳大湾区金融服务业的发展前途无可限量。

2019 年 5 月 7 日 "粤港澳经济技术贸易合作交流会" 在香港开幕。由广东省人民政府、香港特区政府、澳门特区政府联合主办。澳门特区政府 2019 年首次加入交流会，为充分发挥优势，澳门将继续保持自由、开放的营商环境，建设美丽的旅游风景区，建设中国与葡语国家之间的交流平台。广东省人民政府副秘书长林积指出，为提升大湾区市场一体化水平，粤港澳三地将深化创新合作，不仅推进三地服务贸易自由化，促进人员和货物往来便利化，更要促进粤港澳金融产品互认、资金互通、市场互联等。

二、粤港澳大湾区金融一体化的挑战因素

（一）各城市间金融发展不平衡

由于各城市金融发展水平不同以及规划的欠缺导致大湾区区域金融发展不平衡，缺少有效的金融合作协调机制。避免地区之间的政策条例的限制是区域金融一体化成功的前提，在《纲要》出台之前，各地政府都倾向于将资源分配到自己管辖的区域，缺乏合理的流动性，导致城市之间的交流与合作比较少，极大限制了金融一体化的发展。

香港、深圳、广州属于大湾区内的核心城市，这几个城市经济总量大，经济发展水平高，金融一体化水平也令其他城市望尘莫及。然而江门、肇庆等地却只能被划定在国内三四线城市行列，金融一体化水平较低。甚至珠江两岸都存在着这种发展不平衡的状况，位于珠江东岸的香港、深圳这两个核心金融城市无论是从经济实力还是产业发展阶段，或者金融一体化水平来说都可以与发达国家的城市媲美，然而珠江西岸则缺乏这样的核心城市，只能

达到国内二线城市的水平。造成这种结果的主要原因便是由于缺乏统一的规划。此外，粤港澳大湾区由于港澳"一国两制"制度，在地域方面的协调难度大，在各个领域都存在着同类产业竞争和资源分配不均，未形成城市群辐射效应，使得粤港澳大湾区内部的协调规划以及运行机制都存在着显著的不足之处。某些地区基础的金融服务设施数量不足，限制了各区域之间合作的内在驱动力。在金融一体化过程中，要快速提高金融一体化水平，经济区要打破行政区的地区限制，完善市场经济资源的分配机制，要根据不同行政区的地域特色制定不同的管理模式，这意味着必须对政府的管理模式进行整改，由"划区而治"转换成"区域共治"。

（二）金融资源利用效率不高，创新能力不足

金融资源利用效率低主要表现为大多数融资属于间接融资，直接融资的比例低，导致了融资效率低，且民间自主投资少、存款比例高导致资金流动性差。金融创新能力不足的主要表现是金融制度与实际金融市场发展速度不匹配，制度发展与市场情况不匹配，金融机制固化。在金融市场环境建设方面，相关配套制度的建设也有待加强，导致粤港澳大湾区的优质金融资源利用率不高。与香港、澳门发达的电信系统和四通八达的运输线路相比，广东省的电信系统和运输线路都还在发展中，在信息化网络建设这方面也还有很长的路要走，现在最重要的是粤港澳三地急需建立一个能够及时分享各地金融资讯的共享机制。

（三）面临的突出法律问题

由于粤港澳三地金融发展水平差异大，以及香港、澳门实行"一国两制"，在法律政策制度上也存在较大差别，造成了在金融合作市场中缺乏一个可以管理粤港澳三地的统一管理政策，这就意味着在三地进行经济往来的时候如果发生了冲突与矛盾，就缺少了一个统一的法律依据。从世界贸易组织上来看，香港和澳门拥有单独的关税区，可以单独征收关税，而广东省只是省级行政区的一个，没有独立的征收关税资格。虽然广东、香港、澳门在

关税方面的主体地位不同，但是都属于中国，因此应该采用内地的法律框架来解决它们之间的法律问题，或者继续加强建设和努力完善粤港澳合作方面的争端解决机制，建立有针对性的法律的政策制度来规范管理这三个地区。为了能够让这三个地区建立更加紧密的联系与合作，实现三地的发展共赢，建立特有的粤港澳大湾区协调机制已经刻不容缓。

在粤港澳大湾区实现完全的金融一体化是一个循序渐进的漫长过程，要达到完全的金融一体化可能需要经过较长的时间，但粤港澳的金融一体化是区域经济发展的客观要求，需要我们有足够的耐心、缜密的规划、不懈的努力。

| 第九章 |

我国金融发展对经济增长的影响

金融对经济和社会发展的实际效果有大有小、有好有坏、有实有虚。这些实际效果背后的产生机制构成了金融经济效应分析的框架。弄清金融对经济发展的作用机制，可以阐明坚持金融发展的现实针对性与实际意义。

第一节　金融发展水平影响经济增长的实现路径

一、基于正负经济效应角度的实现路径

（一）正经济效应实现路径

通过观察各类金融活动，本书认为，金融对经济发展的作用与影响通常不是直接实现，一般通过一系列复杂传导机制才能够实现，这便是金融经济效应的实现路径或者金融对经济作用的路径。本书认为，金融对经济发展的正经济效应实现路径主要有以下几条：

第一，通过缩小贫富差距促进经济发展。金融尤其是普惠金融，广泛地将社会的中低收入人群与弱势群体一起纳入了金融服务体系，将有助于缩小

贫富差距、遏制贫富差距扩大，促进经济发展。

第二，优化融资对象的结构与企业规模对比结构，促进经济发展。金融发展水平提高尤其是普惠金融的提高，势必将会把大量的小微企业纳入金融服务体系，提高其融资便利度，促进小微企业发展，激发市场经济活力，防止垄断，吸纳更多的劳动者就业，从而促进经济增长。

第三，金融发展可以促进产业部门的技术进步、产出增加，从而促进经济增长。

第四，通过推动金融业整体发展进而促进经济发展。

（二）负经济效应产生路径

本书认为，金融发展不利于经济发展的路径主要有以下两条：

第一，上述理想的正经济效应未能实现或者受阻。在这过程中，会产生诸多问题，问题积累到一定程度将会对经济发展带来负面影响。

第二，忽视金融"客观""适度"等基本特征与金融发展的一般规律。过度干预金融，或者过度"开发"金融资源等行为会带来不良后果，对经济发展会产生负面影响。

二、基于金融功能角度的实现路径

金融发展可发挥货币功能与信用功能。一方面，金融指的是货币资金的融通。金融可通过发挥货币贮藏功能，提高私人储蓄率，积累资本；发挥货币的支付功能，提高储蓄—投资转化率，为经济发展提供充足资金；发挥货币的流通功能，促进商品与劳务交换。另一方面，金融的基础是信用。通过加速资金周转，减少跨期风险，为投资者发现投资机会，在时间与空间上配置资源；提高资本配置效率。两方面功能共同作用，为企业提供了资金支持与风险规避手段，促进企业的科技创新与管理提升，最终促进经济增长。

第二节　我国主要城市金融发展水平对
经济增长影响的实证研究

一、模型建立及数据说明

（一）模型建立

根据内生经济增长理论，并借鉴王澎波等（2017）的研究，本书建立如下计量模型：

$$\ln rjgdp_{it} = \alpha + \beta_1 fi_{it} + \beta_2 z_{it} + \lambda_i + \gamma_t + \varepsilon_{it}$$

其中，$i = 1, 2, \cdots, 10$，$t = 2000, 2001, \cdots, 2017$。$\ln rjgdp$ 代表经济增长水平，fi 为前文测算的中国 10 个城市的金融发展水平指数 FLI，Z 为控制变量。

（二）变量选取

1. 被解释变量

经济发展水平（$\ln rjgdp$）：本书采用人均 GDP 来衡量 10 个城市的经济发展情况（单位：元/人）。

2. 解释变量

fi 为前文测算衡量中国 10 个城市的金融发展水平的指数 FLI。

3. 控制变量

（1）固定资产投资占比（Ki）：采用全社会固定资产投资与地区 GDP 的占比来衡量。固定资产投资是拉动中国经济增长的"三驾马车"之一，是地区经济增长的重要推动力量。本书预期该系数为正（单位：%）。

（2）就业人数（emp）：本书采用从业人员年末数占常住人口比重来衡量就

业率。中国经济增长的重要特点是劳动力的大量释放，在刘易斯拐点出现之前，"人口红利"是中国经济增长的重要驱动力。本书预期该系数为正（单位：%）。

（3）对外开放因素（*open*）：本书使用熵权法将外商直接投资占当年GDP的比重和进出口额占当年GDP的比重两个指标综合成衡量开放程度的指标，其中汇率使用人民币兑美元中间价进行换算。对外开放带动经济增长假说认为对外贸易与外资是经济增长的"引擎"。在中国，出口更是经济增长的"三驾马车"之一，本书预期该系数为正（单位：%）。

（4）科技发展因素（*rnd*）：科技的发展主要体现在对研发的投入程度，其中包括政府对研发的投入以及企业对研发的投入，因此本书参考借鉴俞立平（2013）的做法，选用研发经费支出占财政支出的比重来衡量不同地区的科技发展（单位：%）。

所有的数据见附录C。

（三）数据说明

本章选取 2000～2017 年中国 10 个城市的数据作为研究样本，采用面板回归模型，运用 EViews 9.0 软件，对中国 10 个城市金融发展水平对经济增长影响进行实证研究。数据来源于 2001～2018 年各城市统计年鉴及金融年鉴，极个别缺失数据使用插值法补全。以下列出本章模型相关变量描述性统计，如表 9.1 所示。

表9.1 　　　　　　　　　　　变量的描述性统计量

变量	观察值	均值	标准差	最小值	最大值
ln*rjgdp*	180	10. 96	0. 61	9. 61	12. 12
fi	180	− 7. 82E − 08	0. 58	− 0. 80	2. 10
Ki	180	43. 12	0. 17	17. 15	92. 47
emp	180	56. 76	8. 74	41. 80	83. 46
open	180	67. 22	52. 34	6. 79	241. 00
rnd	180	21. 86	7. 59	7. 82	42. 05

由表9.1可以得到所研究的10个城市金融发展水平对经济增长影响相关统计指标的分布特征：

中国10个城市之间相关影响因素的基础条件差异较大。就金融发展水平 fi 而言，最高可达到2.10，而最低只有 -0.80；就研发投入占财政支出来看，最高达到42.05%，最低的只有7.82%。以上各方面的最大值与最小值之间均存在这种较大的差距，各指标之间存在很大的波动，个体之间也存在较大的"异质性"。

二、实证检验及结果分析

（一）单位根检验与协整检验

根据相关的计量经济学和统计学的基本理论，为了避免模型出现"伪回归"，有必要在进行回归分析之前对面板数据进行平稳性和协整性检验。根据表9.2的检验结果显示，所有变量的一阶差分在1%的显著性水平上均通过 LLC、IPS、ADF – Fisher 和 PP – Fisher 四种检验，这表明模型所用的变量是一阶单整序列。

表9.2　　　　　　　　　　单位根检验结果

变量	检验方法（一阶差分）			
	LLC	IPS	ADF – Fisher	PP – Fisher
$lnrjgdp$	-6.39*** (0.00)	-4.24*** (0.00)	55.70*** (0.00)	64.38*** (0.00)
fi	-13.19*** (0.00)	-11.85*** (0.00)	126.09*** (0.00)	199.03*** (0.00)
Ki	-8.87*** (0.00)	-6.41*** (0.00)	72.24*** (0.00)	88.53*** (0.00)
emp	-6.70*** (0.00)	-7.02*** (0.00)	74.98*** (0.00)	91.94*** (0.00)

续表

变量	检验方法（一阶差分）			
	LLC	IPS	ADF – Fisher	PP – Fisher
open	− 7. 04 *** (0. 00)	− 4. 95 *** (0. 00)	57. 24 *** (0. 00)	72. 16 *** (0. 00)
rnd	− 7. 24 *** (0. 00)	− 6. 19 *** (0. 00)	69. 56 *** (0. 00)	81. 13 *** (0. 00)

注：括号内为该统计量的伴随概率；*** 、** 、* 分别表示在1%、5%、10%的水平上显著。

由于上述变量是非平稳的，因此需要进行协整检验。协整检验是用来分析变量之间是否存在长期均衡关系，若经检验有协整关系，可以进行回归。本书采用 Kao 同质面板协整检验和 Pedroni 异质面板协整检验方法来检测 6 个变量之间是否存在长期均衡关系，结果如表 9.3 所示。从表 9.3 可以看出，根据 Kao 检验结果，模型在 1% 的显著性水平上，拒绝没有协整关系的零假设。根据 Pedroni 检验，基本上在 10% 的显著性水平上均拒绝原假设，即认为各个变量之间存在着协整关系。因此，该模型可以回归了。

表 9.3   协整检验结果

检验方法	统计量名	统计量	P 值
Kao 检验		− 2. 5900	0. 0048
Pedroni 检验	Panel V – Stat	0. 7702	0. 2206
	Panel P – Stat	1. 3049	0. 9040
	Panel PP – Stat	− 2. 6783	0. 0037
	Panel ADF – Stat	− 2. 6558	0. 0040
	Group V – Stat	2. 5382	0. 9944
	Group PP – Stat	− 2. 7794	0. 0027
	Group ADF – Stat	− 2. 4259	0. 0076

（二）实证结果分析

Hausman 统计量为 49.3858，P 值为 0.000，检验结果表明应该使用固定效应模型，下文实证均为固定效应模型估计结果。

根据表 9.4 可知，个体固定效应、PCSE（面板校正标准误）、SUR（似不相关回归）结果相似，表明模型具有稳健性。

表 9.4　　　　　　　　　　面板模型回归结果

变量	个体固定效应（1）	PCSE（2）	SUR（3）
fi	1.0404 *** （16.13）	1.1036 *** （16.71）	0.9998 *** （44.53）
Ki	1.5042 *** （10.14）	1.5578 *** （12.19）	1.3627 *** （29.41）
emp	0.0203 *** （4.38）	0.0214 *** （5.74）	0.0201 *** （17.50）
open	-0.0017 （-1.38）	-0.0008 （-0.63）	-0.0014 ** （-2.49）
rnd	0.0141 *** （2.635）	0.0125 *** （3.15）	0.0144 *** （7.76）
常数项	8.9650 *** （33.01）	8.8500 *** （39.60）	9.0100 *** （118.94）
N	180	180	180

注：括号内为该统计量的 t 值；***、**、*分别表示在 1%、5%、10% 的水平上显著。

中国 10 个城市的金融发展水平指数 fi 显著地促进了中国经济发展。金融尤其是普惠金融，广泛地将社会的中低收入人群与弱势群体一起纳入金融服务体系，将有助于缩小贫富差距、遏制贫富差距扩大，促进经济发展；金融发展水平提高尤其是普惠金融的提高，势必将会把大量的小微企业纳入金融服务体系，提高其融资便利度，促进小微企业发展，激发市场经济活力，防止垄断，吸纳更多的劳动者就业，从而促进经济增长。金融发展还可以促进产业部门的技术进步、产出增加，从而促进经济增长等。

固定资产投资和就业率对经济的影响显著为正数。固定资产投资是拉动中国经济增长的"三驾马车"之一，是地区经济增长的重要推动力量；中国经济增长的重要特点是劳动力的大量释放，在刘易斯拐点出现之前，"人口红利"是中国经济增长的重要驱动力。两者的符号与预期相符。

科技投入的系数在显著性水平1%上显著，这表明科技投入对地区的经济发展水平影响显著。我国一直推行科技创新，并给予科研事业一定的税收减免政策，科技取得了一定成效。而对开放程度方面，其系数为负，仅 SUR 结果显著。我国对外国投资者对中国企业的持股比例一直有限制，这很大程度上阻碍了金融发展对经济的促进作用，从而使得开放程度对经济发展水平的影响不显著。当然，该变量符号为负数也有可能与样本有关。

第十章

研究结论及建议

第一节 主要研究结论

一、金融发展水平测算的结论

本书在回顾了金融发展理论以及梳理了相关研究金融发展水平的文献基础上，选取衡量金融发展的指标，构建衡量地区金融综合发展评价指标体系，并利用中国 10 个城市 2000～2017 年的面板数据，通过多指标面板数据的因子分析，测算出评价中国 10 个城市 2000～2017 年的金融发展水平的指数，并进行详尽分析，研究发现：

通过比较 10 个城市之间的金融发展水平指数，每个个体虽然存在一定的波动性，但是总体呈现上升的趋势，尤其在 2008 年和 2014 年，各城市的金融发展水平有一个显著的提升。同时城市之间的发展水平不断拉大。从 2000～2017 年，北京、上海、深圳一直占据着前三的位置，杭州从 2002 年起慢慢攀升到第四位并长期占据。从 2000～2017 年，对比北京和济南两者金融发展水平的差距逐年增大。

而从整体来看，2000～2017 年，中国 10 个城市的金融发展水平指数的变动趋势是一个逐渐上升的过程，即中国 10 个城市的一个整体金融发展水平是在不断提高。但整体具有一定的波动性，2000～2008 年提升较为缓慢，在 2002～2003 年还存在一个小小的回落，但 2008 年以后，整体的金融发展水平提升较快。

二、金融发展水平影响因素的结论

本书建立面板计量模型，运用 PCSE 估计方法实证研究了经济、工业、政府政策、科技以及开放程度对地区金融发展水平的影响。通过本书的研究得到以下结论：

地方经济的发展和政府政策的干预对金融发展水平具有十分明显的促进作用。而工业进程与金融发展水平之间存在着显著的非线性关系，呈现 U 形结果，而工业进程的拐点为 16.08，当城市的工业进程低于 16.08 时，对金融发展水平具有抑制作用，当城市的工业进程高于 16.08 时，对金融发展水平具有促进作用。科技投入和开放程度对金融发展水平的影响作用不显著。

三、金融发展对经济影响的结论

中国 10 个城市的金融发展水平指数 fi 显著地促进了中国经济发展。金融尤其是普惠金融，广泛地将社会的中低收入人群与弱势群体一起纳入了金融服务体系，将有助于缩小贫富差距、遏制贫富差距扩大，促进经济发展。

固定资产投资和就业率对经济的影响显著为正数。固定资产投资是拉动中国经济增长的"三驾马车"之一，是地区经济增长的重要推动力量。

科技投入系数在显著性水平 1% 上显著，这表明科技投入对地区的经济发展水平影响显著，而开放程度方面，开放程度对经济发展水平的影响不显著。

第二节 提高我国金融发展水平的建议

一、提高我国金融发展水平的建议

基于本书研究结论，提出以下政策建议：

（1）在工业进程的推进方面，工业进程有利于金融水平的发展前提是当工业进程达到一定的程度。鲁滨逊（Robinson，2003）提出"实业引导金融，认为企业间的交易产生的摩擦会刺激对新的金融工具和金融服务的需求，工业的发展也离不开资金的支持从而刺激融资活动"。我国的工业一直都在不断地发展，但是工业与金融业的结合相对较弱，使得一定程度上工业的发展很难促进金融的发展。因此，深化工业的改革，发展工业不仅不能限制，反而更应该从更长远的经济效益考虑继续推进工业的发展，以实现其对金融发展水平的促进作用，使其尽快跨过由负转正的转折点，将工业与金融业之间的替代效应转化为互补效应。

（2）在深化改革的时期，实现金融发展水平进一步的提升，政府应该要厘清市场与政府的关系，合理确定政府和市场之间的边界。在金融发展水平较高的城市，政府的职能更多地被市场所取代，市场自发形成的分工与专业化有利于提高金融市场的效率。同时政府应该出台健全和完善监管体系的政策，以完善金融体系，为金融的发展保驾护航。政府还要更多地打造健康合理的市场环境，消除各种制度障碍，为市场的发展起到补充与引导的作用，既避免"政府越位"，又避免"市场失灵"。

（3）在科技发展方面，一方面，高新技术产业的资本密集、高风险等特征决定了科学技术转化为生产力离不开金融的支持；另一方面，科技进步能够提高金融创新能力和综合竞争力，是防范金融风险和保障金融安全的重要手段（程翔等，2018）。我国的科技虽然在不断地发展，但是投入量不足，以及产出量与投入不完全成正比。技术的发展水平有限，因此对金融的影响也不够强。为此，我国应该大力发展科技，提高我国的科技水平，同时鼓励企业创新，提高核心竞争力，也可以鼓励企业和金融业的结合，在防范风险的前提下有效地运用科技带来的便捷，使得金融服务渠道的普及率增大。

（4）对于开放程度，加入 WTO 以及"一带一路"倡议都使得我国的金融市场更加开放，但是我国企业使用外国低成本资金相对较少，并且国外投资者对中国企业的持股比例有一定的限制，这就使得外国的资金没有办法得到充分利用，从而有可能会抑制了金融发展。我国应出台相关的政策，在可控的范围内尽可能开放市场，让国外的资金流入我国的企业，从而进一步促进实体经济以及金融业的发展。

二、形成多样化的金融发展模式

（一）发展互联网金融

发展互联网金融包括：完善相关法律制度，加强资金融通的货币资金安全管理，建立信息监管制度来规范市场准入，完善互联网金融的信息技术建设及信息安全管理等。

（二）完善我国影子银行监管

完善我国影子银行监管包括：构建完善的银行体系监管框架，积极引导影子银行的健康发展，稳步推进利率市场化进程等。

（三）提高我国金融服务贸易国际竞争力的对策

我国的金融服务贸易的发展起步是比较晚的，与发达国家相比，它的实力并不强，并且内部结构并不完善。因此，中国的金融服务贸易仍有很大的提升空间。

相关对策包括：制定健全的金融服务贸易监管体系，适度地提高我国金融市场对外开放程度，促进金融服务贸易相关及支持性产业的发展，大力培养和吸收高素质的金融人才，提高我国金融服务业的创新能力。

（四）推进我国普惠金融发展

完善金融基础设施建设，提高金融供给，满足金融需求。持续推进农村的支付环境建设，发挥供给对催化与改善农村支付服务需求的推动作用，创新升级助农支付产品，持续的提升农村支付服务供需匹配度。进一步完善农村地区的征信体系，健全农户信用信息的征集和信用评级的体系，提高中小微企业的信用档案建档率，营造良好的信用环境。

促进普惠金融在各地区平衡发展。继续发挥政策引导和激励作用，引导普惠金融资源向中西部贫困地区、小微企业与创新创业等倾斜。

推进普惠金融理念普及，继续宣传和引导树立消费者正确的普惠金融理念，加强金融消费者保护和金融知识普及教育。

强化政策环境支撑体系。加快推动相关的领域立法，补齐制度的短板。强化监管与激励约束，推动各方形成政策合力。

（五）粤港澳大湾区金融一体化的应对策略

粤港澳大湾区金融一体化的应对策略包括：粤港澳三地合作组成监管协调委员会，建立具有地方特色的金融体系，完善配套法律制度等。

三、金融与经济互促的建议

金融与经济是互促的。在前面，我们已经分析了经济影响金融的作用机制，也分析了金融促进经济的路径。因此，做实金融，可以促进经济发展；做强实体经济，也有利于金融的发展。由于金融和经济是互惠互利、互促共生的关系。因此，我们必须从两者同时着手，实现经济与金融共同发展。

参考文献

中文部分

［1］陈昭，刘巍，欧阳秋珍．计量经济学软件 EViews9.0 简明操作教程［M］．北京：中国人民大学出版社，2017.

［2］陈昭，欧阳秋珍．反向技术溢出、技术进步和我国经济增长——基于面板协整模型的分析［J］．世界经济研究，2010（9）：52－58.

［3］程翔，王曼怡，田昕，康萌萌．中国金融发展水平的空间动态差异与影响因素［J］．金融论坛，2018，23（8）：43－54.

［4］董锋，谭清美，周德群．多指标面板数据下的企业 R&D 能力因子分析［J］．研究与发展管理，2009，21（3）：50－56.

［5］董金玲．江苏区域金融发展水平测度及聚类［J］．华东经济管理，2009，23（12）：20－25.

［6］董小麟，欧阳秋珍．广州市外贸出口竞争力发展趋势的实证研究［J］．国际贸易问题，2010（2）：53－59.

［7］董中印．影子银行对我国金融稳定性的影响研究［D］．济南：山东财经大学，2013.

［8］封思贤，居维维，李斯嘉．中国影子银行对金融稳定性的影响［J］．金融经济学研究，2014（7）：3－12.

［6］高翔．互联网金融发展对证券投资基金业的影响［D］．北京：对外经济贸易大学，2014.

［10］江春，许立成. 金融发展的政治经济学［J］. 财经问题研究，2007（8）：43－47.

［11］江春，许立成. 金融发展中的制度因素：理论框架与国际经验［J］. 财经科学，2007（4）：1－7.

［12］金萍. 粤港澳合作的制度创新研究［D］. 广州：华南理工大学，2010.

［13］林毅夫，孙希芳，姜烨. 经济发展中的最优金融结构理论初探［J］. 经济研究，2009，44（8）：4－17.

［14］刘超，马玉洁. 影子银行系统对我国金融发展、金融稳定的影响［J］. 经济学家，2014（4）：72－80.

［15］刘太琳，董中印. 影子银行对我国金融稳定性影响的实证分析［J］. 山东财政学院学报，2014（2）：14－20.

［16］刘亦文，丁李平，李毅，胡宗义. 中国普惠金融发展水平测度与经济增长效应［J］. 中国软科学，2018（3）：36－46.

［17］卢峰，姚洋. 金融压抑下的法治、金融发展和经济增长［J］. 中国社会科学，2004（1）：42－55，206.

［18］马长有. 中国金融结构与经济增长的实证分析［J］. 社会科学研究，2005（3）：55－60.

［19］马志刚. 对互联网金融热的冷思考［N］. 经济日报，2013－08－27.

［20］蒙荫莉. 金融深化、经济增长与城市化的效应分析［J］. 数量经济技术经济研究，2003（4）：138－140.

［21］聂高辉，邱洋冬，龙文琪. 非正规金融、技术创新与产业结构升级［J］. 科学学研究，2018，36（8）：1404－1413.

［22］欧阳秋珍，苏静，肖小勇，陈昭. EViews10.0 计量分析与应用［M］. 北京：社会科学文献出版社，2019.

［23］欧阳秋珍，陈昭. 技术溢出、自主创新与我国经济波动［J］. 经济经纬，2013（5）：78－83.

［24］欧阳秋珍，陈昭. 国际贸易、技术溢出和利益分配失衡［J］. 世界经济研究，2011（9）：36－43.

［25］欧阳秋珍，陈昭. 双渠道技术溢出、技术进步和我国经济增长绩效——基于四因素脉冲响应函数分析［J］. 财经论丛，2011（5）：3－8.

［26］欧阳秋珍，陈昭，张建武，肖小勇. 国际技术溢出与中国"一带一路"高技术

产业技术进步［M］. 北京：科学出版社，2018.

［27］齐红倩，李志创. 金融发展与金融一体化对消费风险分担的影响研究［J］. 经济科学，2018（3）：89 – 101.

［28］饶华春. 中国金融发展与企业融资约束的缓解——基于系统广义矩估计的动态面板数据分析［J］. 金融研究，2009（9）：156 – 164.

［29］任娟. 多指标面板数据融合聚类分析［J］. 数理统计与管理，2013，32（1）：57 – 67.

［30］芮晓武，刘烈宏. 中国互联网金融发展报告［M］. 北京：社会科学文献出版社，2014.

［31］史代敏，宋艳. 居民家庭金融资产选择的实证研究［J］. 统计研究，2005（10）：43 – 49.

［32］孙丽霞，梁燕君. 珠三角区域金融一体化发展探讨［J］. 南方金融，2011（5）：81 – 83.

［33］孙英杰，林春. 普惠金融发展的地区差异、收敛性及影响因素研究——基于中国省级面板数据的检验［J］. 经济理论与经济管理，2018（11）：70 – 80.

［34］谈儒勇. 中国金融发展和经济增长关系的实证研究［J］. 财经研究，1999（10）：1 – 7.

［35］王宏起，徐玉莲. 科技创新与科技金融协同度模型及其应用研究［J］. 中国软科学，2012（6）：129 – 138.

［36］王立国，赵婉妤. 我国金融发展与产业结构升级研究［J］. 财经问题研究，2015（1）：22 – 29.

［37］王鸾凤，黄霆珺. 政治与金融发展的实证研究［J］. 技术经济，2006（11）：89 – 93.

［38］王澎波，于涛，王旺平. 金融发展、金融结构与经济增长——基于省级面板数据的分析［J］. 经济问题探索，2017（1）：120 – 127.

［39］王小彬. "一带一路"建设中推进粤港澳区域经济一体化问题研究［D］. 长春：吉林大学，2018.

［40］王秀丽，鲍明明，张龙天. 金融发展、信贷行为与信贷效率——基于我国城市商业银行的实证研究［J］. 金融研究，2014（7）：46 – 53.

［41］王宇鹏，赵庆明. 金融发展与宏观经济波动——来自世界214个国家的经验证

据 [J]. 国际金融研究, 2015 (2): 37 – 43.

[42] 王振山. 银行规模与中国商业银行的运行效率研究 [J]. 财贸经济, 2000 (5): 19 – 22.

[43] 王志强, 孙刚. 中国金融发展规模、结构、效率与经济增长关系的经验分析 [J]. 管理世界, 2003 (7): 13 – 20.

[44] 吴卫星, 齐天翔. 流动性、生命周期与投资组合相异性——中国投资者行为调查实证分析 [J]. 经济研究, 2007 (2): 97 – 110.

[45] 肖泽磊, 李帮义, 刘思峰. 基于多维面板数据的聚类方法探析及实证研究 [J]. 数理统计与管理, 2009, 28 (5): 831 – 838.

[46] 谢军, 黄志忠. 宏观货币政策和区域金融发展程度对企业投资及其融资约束的影响 [J]. 金融研究, 2014 (11): 23 – 29.

[47] 熊学萍, 谭霖. 中国区域金融发展水平测度与比较分析——基于省际面板数据 (2004 – 2013) [J]. 经济与管理, 2016, 30 (5): 72 – 78.

[48] 徐玉莲, 王玉冬, 林艳. 区域科技创新与科技金融耦合协调度评价研究 [J]. 科学学与科学技术管理, 2011, 32 (12): 116 – 122.

[49] 颜洁. 粤港澳金融合作与一体化研究 [D]. 广州: 暨南大学, 2012.

[50] 杨国中, 李木祥. 我国信贷资金的非均衡流动与差异性金融政策实施的研究 [J]. 金融研究, 2004 (9): 119 – 133.

[51] 于翠萍. 中国服务贸易在世界地位的实证研究 [J]. 技术经济与管理研究, 2013 (5): 74 – 78.

[52] 余明桂, 潘红波. 政府干预、法治、金融发展与国有企业银行贷款 [J]. 金融研究, 2008 (9): 1 – 22.

[53] 俞立平. 省际金融与科技创新互动关系的实证研究 [J]. 科学学与科学技术管理, 2013 (4): 88 – 97.

[54] 袁媛. 我国金融服务贸易国际竞争力研究 [D]. 广州: 广东外语外贸大学, 2013.

[55] 战明华. 金融发展与经济增长的效率: 有效的金融深化变量选择及其效应 [J]. 统计研究, 2004 (8): 13 – 20.

[56] 张俊生, 曾亚敏. 社会资本与区域金融发展——基于中国省际数据的实证研究 [J]. 财经研究, 2005 (4): 37 – 45.

［57］张莉莉，肖黎明，高军峰．中国绿色金融发展水平与效率的测度及比较——基于 1040 家公众公司的微观数据［J］．中国科技论坛，2018（9）：100－112，120.

［58］张晓瑞．中国金融服务贸易国际竞争力及其影响因素分析［D］．北京：首都经济贸易大学，2016.

［59］张宗益，许丽英．金融发展与城市化进程［J］．中国软科学，2006（10）：112－120.

［60］赵洪丹，陈丽爽．乡村振兴战略下农村金融发展的影响因素研究——基于农村经济发展差异的视角［J］．价格理论与实践，2018（11）：123－126.

［61］中国人民银行货币政策分析小组．中国货币政策执行报告（二〇一八年第四季度）［R］．北京：中国人民银行，2019－02－21.

［62］中国人民银行货币政策分析小组．中国区域金融运行报告（2018）［R］．北京：中国人民银行，2018－06－22.

［63］钟润涛，胥爱欢．美、英、日三国互联网保险发展比较及对我国的启示［J］．南方金融，2016（9）：77－82.

［64］钟子明，张宗益．国家隐性补贴、银行结构与超量货币增长［J］．数量经济技术经济研究，2004（11）：44－54.

［65］周国富，胡慧敏．金融效率评价指标体系研究［J］．金融理论与实践，2007（8）：32－47.

［66］周立．金融发展促进经济增长的理论综述［J］．经济学动态，2003（9）：68－73.

［67］周孝坤，冯钦，袁颖．科技投入、金融深化与产业结构升级——基于中国 1978~2008 年数据的实证检验［J］．社会科学家，2010（10）：55－58.

英文部分

［1］Allen F，Qian J，Qian M J. Law，Finance and Economic Growth in China［J］．Journal of Financial Economics，2005，77（1）：57－116.

［2］Arestis P，Demetriades P O，Luintel K B. Financial Development and Economic Growth：The Role of Stock Markets［J］．Journal of Money，Credit and Banking，2001，33（1）：16－41.

［3］Atje R，Jovanovic B. Stock Markets and Development［J］．European Economic Review，1993，37（2－3）：632－640.

［4］Bencivenga V R，Smith B D. Financial Intermediation and Endogenous

Growth [J]. Review of Economic Studies, 1991, 58 (2): 195 – 209.

[5] Berger N, Saunders A, Scalise M, Udell F. The Effects of Barilc Mergers and Acquisitions on Small Business Lending [J]. Journal of Financial Economics, 1998, 50 (2): 187 – 229.

[6] Bordo M D, Rousseau P L. Legal-Political Factors and the Historical E-volution of the Finance-Growth Link [J]. Review of Economic History, 2006, 10 (3): 432 – 444.

[7] Dutta J, Kapur S. Liquidity Preference and Financial Intermediation [J]. The Review of Economic Studies, 1998, 65 (3): 551 – 572.

[8] Engerman S L, Sokoloff K L. Factor Endowments: Institutions, and Dif-ferential Paths of Growth Among New World Economies: A View from Economic His-torians of the United States [R]. Nber Historical Working Papers, 1995: 1 – 45.

[9] Engerman S L, Sokoloff K L. Factor Endowments, Inequality, and Paths of Development Among New World Economics [J]. Social Science Electronic Publishing, 2002, 3 (1): 41 – 109.

[10] Fama F, French R. The Equity Premium [J]. The Journal of Finance, 2002, 57 (2): 637 – 659.

[11] Gani A, Clemes M D. Does the Strength of the Legal Systems Matter for Trade in Insurance and Financial Services? [J]. Research in International Business and Finance, 2016 (36): 511 – 519.

[12] Goldsmith R W. Financial Structure and Development [M]. New Ha-ven, CT: Yale University Press, 1969.

[13] Guiso L, Sapienza P, Zingales L. Tlie Role of Social Capital in Finan-cial Development [J]. American Economic Review, 2004 (94): 526 – 556.

[14] Gurley J G, Shaw Ed S. Financial Aspects of Economic Development [J]. American Economic Review, 1955, 45 (4): 515 – 538.

[15] Harris N. Bombay in a Global Economy Structural Adjustment and the Role of Cities [J]. Cities, 1995, 12 (3): 175 – 184.

[16] Jayaratne J, Wolken J D. How Important are Small Banks to Small Business Lending? – New Evidence from A Survey of Small Firms [J]. Journal of Banking and Finance, 1999, 23 (2 – 4): 427 – 458.

[17] Kim D. Trade, Growth and Income [J]. The Journal of International Trade & Economic Development, 2011, 20 (5): 677 – 709.

[18] King R G, Levine R. Finance and Growth: Schumpeter Might be Right [J]. Quarterly Journal of Economics, 1993, 108 (4): 717 – 738.

[19] Knack S, Keefer P. Does Social Capital Have An Economic Payoff: A Cross-Country Investigation [J]. Quarterly Journal of Economics, 1997, 112 (4): 1251 – 1288.

[20] Levchenko A A. International Trade and Instiutional [J]. Journal of Law, Economics & Organization, 2013, 29 (5): 1145 – 1181.

[21] Levine R, Demirguc-Kunt A. Finance, Financial Sector Policies and Long-Run Growth [R]. World Bank Policy Research Working Paper Series, 2008.

[22] Levine R, Zervos S. Stock Market Development and Long – Run Growth [J]. World Bank Economic Review, 1999, 10 (2): 323 – 339.

[23] Levine R, Zervos S. Stock Markets, Banks and Economic Growth [J]. American Economic Review, 1998, 88 (3): 537 – 558.

[24] Levine R. Financial Structure and Economic Development [J]. Revista de Analisis Economoco, 1993, 18 (1): 113 – 129.

[25] Mckinnon R I. Money and Capital in Economic Development [M]. Washington D. C. : Brookings Institution, 1973.

[26] Mehra R, Prescott E. The Equity Premium: A Puzzle [J]. Journal of Monetary Economics, 1985, 15 (2): 145 – 161.

[27] Patrick H T. Financial Development and Economic Growth in Underde-veloped Countriesr [J]. Economic Development and Cultural Change, 1966, 14 (2): 174 – 189.

［28］Pinkowitz L，Stulz R，Williamson R. Do Firms in Countries with Poor Protection of Investor Rights Hold More Cash? ［R］. Nber Working Papers，2003 （12）：3 – 27.

［29］Porta R L，et al. Investor Protection and Corporate Finance ［J］. Journal of Financial，2000（58）：3 – 27.

［30］Rajan R G，Zingales L. Saving Capitalism from the Capitalists ［M］. Now York：Random House，2003a.

［31］Rajan R G，Zingales L. The Ureat Reversalsahe Politics of Financial Development in the Twentieth Century ［J］. Journal of Financial Economics，2003b （69）：5 – 50.

［32］Robinson M S. Review of the Microfinance Revolution：Sustainable Finance for the Poor ［J］. American Journal of Agricultural Economics，2001（8）：781 – 783.

［33］Saci K，Holden K. Evidence on Growth and Financial Development Using Principal Components ［J］. Applied Financial Economics，2008，18（19）：1549 – 1560.

［34］Schreft S L，B D. Smith. The Eeffects of Open Market Operations in a Model of Intermediation and Growth ［J］. Review of Economic Studies，1998，65 （3）：519 – 550.

［35］Schumpeter J. The Theory of Economic Development：An Inquiry into Profits，Capital，Credit，Interest and the Business Cycle，1934 Translation ［M］. Cambridge，Mass：Harvard University Press，1912.

［36］Shaw E S. Financial Deepening in Economic Development ［M］. New York：Oxford University，1973.

［37］Kan X Y，et al. China's Internet Financial Risks and Risk Prevention Research ［J］. Modern Economy，2015（2）：857 – 861.

附 录

附录 A

标准化后 17 个指标的数据

城市	年份	y1	y2	y3	y4	y5	y6	y7	y8	y9	y10	y11	y12	y13	y14	y15	y16	y17
	2000	-0.34	-0.19	-0.60	-0.38	-0.08	-0.29	-1.62	1.37	1.47	1.98	-0.43	-0.34	0.82	-0.43	0.19	-1.06	-0.97
	2001	-0.22	-0.16	-0.47	-0.28	0.56	-0.21	-1.75	1.28	1.65	0.16	-0.16	0.02	1.26	0.30	0.02	-0.96	-0.92
	2002	-0.09	-0.13	-0.21	-0.16	1.01	-0.18	-1.62	1.23	1.92	0.02	-0.12	0.10	1.59	1.67	-0.14	-0.90	-0.77
	2003	-0.01	-0.04	-0.07	-0.05	1.35	0.37	-1.36	1.13	1.97	0.42	-0.03	-0.05	1.74	1.85	0.00	-0.79	-0.68
	2004	0.05	0.06	-0.08	0.08	1.05	0.55	-1.50	0.88	1.79	0.03	-0.35	-0.36	1.53	0.98	0.19	-0.66	-0.56
北京	2005	0.06	0.13	0.53	0.27	0.92	0.54	-1.83	0.93	2.02	0.00	-0.02	0.20	2.26	3.10	0.40	-0.51	-0.44
	2006	0.06	0.21	0.29	0.45	1.00	0.79	-1.77	0.95	2.03	0.12	-0.14	0.12	2.39	1.34	0.54	-0.33	-0.27
	2007	0.07	0.37	0.53	0.59	0.51	1.02	-1.85	1.28	1.65	0.19	0.45	0.74	1.26	1.34	0.56	-0.18	-0.21
	2008	0.18	0.54	0.78	0.83	0.62	1.25	-1.88	1.40	1.79	0.12	0.14	0.56	1.39	1.51	1.01	0.02	-0.08
	2009	0.30	0.72	1.09	1.31	1.35	1.49	-1.71	1.27	2.65	0.27	-0.41	-0.28	2.21	1.92	0.38	0.18	0.08
	2010	0.47	1.30	1.84	1.67	1.80	1.69	-1.68	1.27	2.67	0.12	0.10	0.20	2.37	2.85	0.72	0.35	0.30

续表

城市	年份	y1	y2	y3	y4	y5	y6	y7	y8	y9	y10	y11	y12	y13	y14	y15	y16	y17
北京	2011	0.70	1.75	1.44	1.98	2.13	2.22	-1.83	1.39	2.56	0.26	0.24	0.52	2.60	1.33	0.97	0.64	0.53
	2012	0.84	2.10	1.72	2.34	2.24	2.80	-1.99	1.54	2.69	0.29	0.49	0.79	2.70	1.41	0.85	0.91	0.76
	2013	0.96	2.10	1.92	2.60	2.11	2.90	-1.88	1.73	2.55	0.06	0.63	0.98	2.53	1.29	0.75	1.20	1.01
	2014	0.96	2.38	2.52	2.91	2.38	3.41	-1.78	1.98	2.62	0.60	1.06	1.50	2.70	1.82	0.53	1.47	1.20
	2015	1.31	2.82	3.07	3.97	2.89	3.89	-2.41	2.36	3.64	0.30	1.17	2.21	3.30	2.19	0.01	1.81	1.85
	2016	1.82	3.07	4.29	4.33	2.90	4.16	-2.37	2.37	3.59	0.16	0.29	0.65	3.50	3.26	-0.23	2.11	2.02
	2017	2.24	3.38	4.66	4.54	2.98	4.44	-2.20	2.37	3.30	0.20	0.24	0.56	3.78	3.16	-0.18	2.47	2.25
上海	2000	1.90	0.81	-0.51	-0.46	0.26	-0.01	0.10	1.55	-0.46	0.10	0.93	0.69	0.18	-0.65	-0.20	-0.95	-0.93
	2001	1.97	0.87	-0.36	-0.39	0.43	0.09	-0.03	0.43	-0.23	-0.01	-5.24	-4.26	0.28	0.02	-0.18	-0.86	-0.88
	2002	1.97	0.94	-0.20	-0.28	0.57	0.24	-0.09	0.43	0.10	0.08	0.11	-0.06	0.39	0.61	-0.08	-0.84	-0.75
	2003	2.04	1.00	-0.05	-0.16	0.46	0.69	-0.02	0.18	0.26	0.39	-0.39	-0.69	0.31	0.77	0.31	-0.72	-0.69
	2004	2.04	1.06	0.00	-0.06	0.19	0.55	-0.11	0.14	0.13	-0.09	0.04	-0.27	0.14	0.31	0.60	-0.58	-0.51
	2005	2.12	1.06	0.07	0.06	0.09	0.77	-0.33	-0.42	0.18	0.16	-1.87	-1.68	0.13	0.14	0.63	-0.43	-0.38
	2006	2.12	1.06	0.28	0.18	-0.03	0.90	-0.47	-0.27	0.15	0.11	0.29	0.02	0.08	0.34	0.75	-0.28	-0.27
	2007	1.99	1.19	0.49	0.32	-0.09	0.88	-0.37	0.27	0.07	0.01	0.93	0.89	0.00	0.36	0.86	-0.06	0.01
	2008	2.01	1.22	0.82	0.51	-0.13	1.25	-0.66	0.38	0.18	0.24	0.23	0.19	0.06	0.70	0.88	0.17	0.24
	2009	2.07	1.31	1.00	0.85	0.45	1.14	-0.76	0.94	0.68	-0.16	1.46	2.82	0.59	0.82	0.46	0.33	0.42
	2010	2.16	1.50	1.61	1.13	0.49	1.33	-0.85	0.76	0.77	0.14	-0.01	-0.42	0.66	1.45	0.75	0.56	0.67

续表

城市	年份	y1	y2	y3	y4	y5	y6	y7	y8	y9	y10	y11	y12	y13	y14	y15	y16	y17
上海	2011	2.23	1.79	1.25	1.35	0.36	1.74	-0.97	0.90	0.75	0.55	0.60	0.47	0.61	0.39	0.87	0.89	0.88
	2012	2.26	1.85	1.44	1.55	0.57	1.90	-0.92	0.98	0.89	0.26	-0.01	0.61	0.77	0.51	0.76	1.19	1.01
	2013	2.37	1.91	1.44	1.76	0.57	2.17	-0.96	1.20	0.91	0.03	0.50	1.12	0.78	0.25	0.62	1.46	1.22
	2014	2.78	1.94	1.90	1.94	0.56	2.32	-0.90	1.63	0.86	-0.79	1.58	2.14	0.75	0.61	0.58	1.75	1.48
	2015	3.18	2.21	2.29	3.05	0.77	2.38	-1.95	2.25	2.01	-0.26	1.94	3.77	1.58	0.85	0.40	1.91	1.95
	2016	3.60	2.45	3.42	3.30	0.87	2.51	-1.72	2.46	1.86	0.63	0.66	1.32	1.52	1.76	0.19	2.25	2.25
	2017	4.03	3.04	3.58	3.37	1.03	2.42	-1.30	2.60	1.57	-0.20	1.51	1.23	1.38	1.54	0.21	2.60	2.51
深圳	2000	0.29	-0.04	-0.75	-0.66	-0.87	-0.62	-0.15	1.23	0.06	0.01	0.87	-0.09	-0.65	-0.83	2.41	-0.26	-0.10
	2001	0.28	-0.01	-0.71	-0.62	-0.66	-0.65	-0.41	0.91	0.25	-0.02	-0.09	-0.55	-0.43	-0.54	2.09	-0.12	-0.02
	2002	0.28	-0.04	-0.68	-0.59	-0.45	-0.64	-0.30	0.55	0.35	0.02	-0.71	-0.85	-0.28	-0.42	2.44	0.04	0.19
	2003	0.30	-0.04	-0.64	-0.54	-0.43	-0.59	0.02	-0.02	0.12	0.04	-0.63	-0.93	-0.35	-0.59	2.62	0.12	0.31
	2004	0.30	-0.02	-0.60	-0.50	0.39	-0.54	0.35	-0.33	0.05	0.05	-0.72	-0.94	0.15	-0.62	2.86	0.24	0.26
	2005	0.30	-0.02	-0.56	-0.45	-0.50	-0.46	0.30	-0.73	-0.50	0.11	-0.81	-0.79	-0.51	-1.08	2.27	-0.22	-0.14
	2006	0.26	0.03	-0.48	-0.41	-0.73	-0.42	0.19	-0.20	-0.60	0.03	1.37	0.74	-0.66	-0.94	2.65	-0.14	-0.06
	2007	0.23	0.27	-0.35	-0.33	-0.61	-0.30	0.25	0.78	-0.55	0.07	2.30	2.01	-0.07	-0.61	2.78	-0.01	0.14
	2008	0.20	0.36	-0.19	-0.28	-0.72	-0.15	0.20	1.13	-0.60	0.09	1.56	0.99	-0.65	-0.27	2.42	0.17	0.29
	2009	0.23	0.56	-0.10	-0.12	0.13	-0.10	0.33	1.46	-0.12	0.03	1.11	2.36	-0.05	-0.08	1.88	0.36	0.48
	2010	0.33	1.07	0.15	0.01	0.01	0.07	0.03	1.47	-0.06	0.10	0.84	0.29	-0.05	0.32	2.20	0.60	0.62

续表

城市	年份	y1	y2	y3	y4	y5	y6	y7	y8	y9	y10	y11	y12	y13	y14	y15	y16	y17
深圳	2011	0.44	1.42	0.15	0.13	-0.19	0.25	0.03	1.47	-0.18	0.52	0.56	0.28	-0.20	-0.24	2.18	0.91	0.76
	2012	0.56	1.60	0.26	0.30	-0.15	0.40	-1.41	1.38	-0.06	0.40	-2.59	0.00	-0.10	-0.26	2.18	1.23	1.06
	2013	0.70	1.59	0.45	0.45	-0.23	0.20	-1.41	1.42	-0.08	-0.02	2.73	0.33	-0.15	-0.23	2.17	1.52	1.29
	2014	0.86	1.69	0.67	1.05	-0.12	-0.09	-1.57	1.40	0.82	-12.50	-0.64	0.58	-0.11	-0.06	1.57	1.24	1.30
	2015	1.03	1.88	0.95	1.34	0.11	-0.02	-1.58	1.56	1.02	0.20	0.83	0.88	0.01	0.17	1.08	1.52	1.69
	2016	1.43	2.35	1.47	1.58	0.65	0.04	-1.05	1.59	1.02	0.06	0.39	0.41	0.33	0.65	0.62	1.82	2.14
	2017	1.71	2.65	2.02	1.78	0.77	-0.04	-0.77	1.30	0.89	-0.07	-0.58	-0.63	0.40	1.02	0.48	2.14	2.35
广州	2000	-0.34	-0.93	-0.70	-0.60	-0.45	-0.44	-0.47	-0.65	-0.15	0.01	-0.92	-0.85	-0.26	-0.96	-0.39	-1.00	-0.94
	2001	-0.34	-0.92	-0.63	-0.57	-0.54	-0.38	-0.52	-0.75	-0.19	0.17	-0.81	-0.74	-0.32	-0.49	-0.52	-0.95	-0.92
	2002	-0.32	-0.92	-0.58	-0.53	-0.28	-0.31	-0.48	-0.96	-0.01	0.34	-1.20	-1.14	-0.12	-0.26	-0.46	-1.01	-0.96
	2003	-0.32	-0.89	-0.53	-0.48	0.08	-0.33	-0.44	-1.10	-0.05	-0.03	-0.84	-0.89	0.12	-0.26	-0.40	-0.80	-0.74
	2004	-0.29	-0.84	-0.49	-0.45	-0.33	-0.35	-0.65	-1.40	-0.22	0.00	-1.37	-1.27	-0.15	-0.37	-0.33	-0.65	-0.56
	2005	-0.29	-0.84	-0.42	-0.39	-0.65	-0.38	-1.09	-1.42	-0.24	-0.01	-0.76	-0.77	-0.29	-0.30	-0.30	-0.55	-0.41
	2006	-0.29	-0.76	-0.37	-0.33	-0.77	-0.36	-1.10	-1.42	-0.30	0.02	-0.68	-0.72	-0.40	-0.46	-0.29	-0.44	-0.31
	2007	-0.30	-0.67	-0.22	-0.26	-0.95	-0.32	-0.86	-1.15	-0.34	0.04	0.00	-0.11	-0.56	-0.21	-0.31	-0.25	0.05
	2008	-0.29	-0.66	0.01	-0.18	-0.99	-0.24	-0.85	-0.97	-0.37	0.06	-0.14	-0.20	-0.59	0.27	-0.35	-0.04	0.25
	2009	-0.20	-0.60	0.05	-0.03	-0.58	-0.18	-0.80	-0.79	-0.08	0.05	-0.05	0.11	-0.27	0.12	-0.49	0.11	0.45
	2010	-0.15	-0.49	0.32	0.08	-0.58	-0.14	-0.65	-0.73	-0.15	0.04	-0.31	-0.36	-0.32	0.41	-0.37	0.33	0.69

续表

城市	年份	y1	y2	y3	y4	y5	y6	y7	y8	y9	y10	y11	y12	y13	y14	y15	y16	y17
广州	2011	-0.07	-0.38	0.25	0.18	-0.78	0.20	-0.73	-0.54	-0.27	0.20	0.05	-0.01	-0.46	-0.21	-0.40	0.61	1.02
	2012	-0.04	-0.26	0.32	0.31	-0.68	0.24	-0.80	-0.45	-0.16	0.08	-0.31	-0.08	-0.35	-0.28	-0.47	0.87	1.27
	2013	0.19	-0.28	0.47	0.45	-0.80	0.06	-0.88	-0.39	-0.21	-0.35	-0.30	-0.23	-0.42	-0.32	-0.56	1.16	1.55
	2014	0.46	-0.25	0.82	0.51	-0.73	0.19	-0.62	-0.06	-0.28	0.10	1.13	1.20	-0.45	0.14	-0.55	1.22	1.59
	2015	0.68	-0.16	1.13	0.78	-0.60	0.15	-0.99	0.08	0.00	-0.02	0.01	0.37	-0.22	0.41	-0.59	1.26	1.62
	2016	0.81	-0.01	2.40	0.96	-0.58	0.16	-1.09	0.16	0.08	0.01	-0.25	0.14	-0.16	2.16	-0.66	1.54	1.89
	2017	0.94	0.28	2.29	1.10	-0.64	0.18	-0.77	0.14	0.06	0.02	-0.52	-0.25	-0.15	1.60	-0.65	1.84	2.12
天津	2000	-0.47	-0.64	-0.77	-0.72	-0.61	-0.52	0.42	-1.58	-1.17	0.00	-5.33	-3.83	-1.69	-1.34	-0.32	-1.34	-1.40
	2001	-0.49	-0.49	-0.74	-0.71	-0.57	-0.54	0.63	-1.58	-1.18	-0.29	-0.70	-0.76	-1.25	-1.06	-0.38	-1.29	-1.34
	2002	-0.55	-0.43	-0.68	-0.68	-0.55	-0.53	0.72	-1.55	-0.91	0.05	-0.56	-0.69	-0.92	-0.33	-0.27	-1.26	-1.32
	2003	-0.60	-0.40	-0.65	-0.64	-0.78	-0.43	0.83	-1.32	-0.76	0.11	0.43	-0.30	-0.85	-0.41	-0.19	-1.19	-1.26
	2004	-0.59	-0.40	-0.63	-0.62	-1.00	-0.44	0.34	-1.26	-0.82	0.00	0.05	-0.57	-0.90	-0.71	0.00	-1.12	-1.18
	2005	-0.59	-0.40	-0.61	-0.58	-1.28	-0.41	0.10	-1.36	-0.93	0.05	-0.70	-0.83	-1.07	-0.96	0.01	-1.05	-1.11
	2006	-0.62	-0.40	-0.57	-0.55	-1.28	-0.20	0.23	-1.33	-0.97	0.20	-0.36	-0.62	-1.09	-0.93	0.09	-0.95	-1.04
	2007	-0.64	-0.28	-0.44	-0.50	-1.20	-0.10	0.24	-0.95	-0.93	0.04	0.92	0.18	-1.04	-0.49	0.00	-0.83	-0.92
	2008	-0.63	-0.28	-0.37	-0.44	-1.44	-0.04	0.08	-0.95	-1.03	0.04	-0.27	-0.57	-1.19	-0.71	-0.15	-0.66	-0.81
	2009	-0.53	-0.23	-0.44	-0.29	-0.65	-0.03	0.32	-0.76	-0.61	0.02	0.12	0.05	-0.64	-1.22	-0.48	-0.54	-0.70
	2010	-0.46	-0.11	-0.26	-0.19	-0.63	0.16	0.56	-0.74	-0.67	0.07	-0.21	-0.45	-0.67	-0.96	-0.44	-0.37	-0.54

续表

城市	年份	y1	y2	y3	y4	y5	y6	y7	y8	y9	y10	y11	y12	y13	y14	y15	y16	y17
天津	2011	-0.43	-0.08	-0.27	-0.15	-0.84	0.23	1.12	-0.60	-0.94	0.04	0.18	-0.23	-0.93	-1.34	-0.42	-0.24	-0.36
	2012	-0.41	-0.05	-0.19	-0.05	-0.80	0.32	1.13	0.17	-0.93	0.05	2.63	1.68	-0.90	-1.37	-0.44	-0.06	-0.18
	2013	-0.36	-0.05	-0.09	0.06	-0.76	0.52	1.03	-0.06	-0.88	0.09	-0.91	-0.89	-0.86	-1.31	-0.45	-0.04	0.16
	2014	-0.22	0.22	0.03	0.11	-0.68	0.53	1.37	0.09	-0.92	0.02	0.46	0.34	-0.86	-1.22	-0.48	0.14	0.36
	2015	-0.10	0.22	0.25	0.24	-0.47	0.82	1.26	0.27	-0.78	0.28	0.39	1.11	-0.69	-0.89	-0.64	0.31	0.54
	2016	0.02	0.22	0.62	0.31	-0.32	1.10	1.52	0.42	-0.77	0.89	-0.17	0.74	-0.63	-0.37	-0.74	0.49	0.74
	2017	0.11	0.36	0.72	0.34	-0.13	1.30	2.03	0.56	-0.79	-0.48	0.49	1.15	-0.56	-0.31	-0.71	0.70	0.91
南京	2000	-0.76	-0.87	-0.79	-0.73	-0.37	-0.74	0.83	0.05	-0.60	-0.02	-0.47	-0.59	-0.54	-0.93	-0.48	-1.35	-1.35
	2001	-0.73	-0.82	-0.76	-0.71	-0.13	-0.73	0.52	0.14	-0.35	-0.01	0.18	0.04	-0.29	-0.34	-0.53	-1.31	-1.32
	2002	-0.72	-0.81	-0.71	-0.69	0.21	-0.72	0.67	0.05	-0.20	-0.05	-0.32	-0.42	-0.07	0.48	-0.59	-1.28	-1.31
	2003	-0.69	-0.75	-0.67	-0.66	0.80	-0.67	1.30	-0.16	-0.09	-0.27	-0.21	-0.63	0.20	0.61	-0.45	-1.16	-1.22
	2004	-0.67	-0.70	-0.66	-0.64	0.66	-0.68	1.56	-1.08	-0.26	0.16	-2.50	-1.96	0.03	0.02	-0.34	-1.05	-1.13
	2005	-0.65	-0.63	-0.65	-0.61	0.30	-0.70	0.96	-1.19	-0.25	-0.05	-0.70	-0.84	-0.08	-0.31	-0.24	-0.86	-0.89
	2006	-0.63	-0.58	-0.61	-0.58	0.27	-0.70	1.03	-1.15	-0.29	0.01	-0.45	-0.56	-0.12	-0.22	-0.23	-0.61	-0.73
	2007	-0.61	-0.48	-0.59	-0.54	0.28	-0.68	0.98	-0.73	-0.27	0.25	0.81	0.31	-0.10	-0.43	-0.26	-0.52	-0.62
	2008	-0.59	-0.48	-0.51	-0.49	0.44	-0.72	0.87	-0.15	-0.14	-0.08	1.34	1.13	0.04	-0.09	-0.28	-0.34	-0.44
	2009	-0.57	-0.43	-0.37	-0.39	1.05	-0.72	0.70	-0.19	0.29	0.01	-0.37	-0.44	0.53	0.60	-0.53	-0.19	-0.32
	2010	-0.55	-0.41	-0.33	-0.33	0.81	-0.67	0.66	-0.16	0.17	0.12	-0.02	-0.24	0.37	0.24	-0.45	0.02	-0.09

续表

城市	年份	y1	y2	y3	y4	y5	y6	y7	y8	y9	y10	y11	y12	y13	y14	y15	y16	y17
南京	2011	-0.53	-0.31	-0.32	-0.28	0.30	-0.60	0.47	0.07	-0.06	0.09	0.52	0.19	0.05	-0.25	-0.41	0.30	0.12
	2012	-0.48	-0.23	-0.20	-0.19	0.09	-0.60	0.22	0.37	-0.09	0.01	0.77	0.49	-0.04	-0.15	-0.56	0.58	0.43
	2013	-0.42	-0.19	-0.12	-0.12	0.05	-0.63	0.21	0.50	-0.11	0.00	0.37	0.30	-0.07	-0.15	-0.64	0.82	0.52
	2014	-0.27	-0.11	0.01	-0.04	0.20	-0.54	0.24	0.68	-0.03	0.17	0.52	0.67	0.04	0.07	-0.68	1.01	0.69
	2015	-0.21	-0.02	0.17	0.18	0.40	-0.56	-0.37	0.82	0.41	0.04	0.56	0.50	0.39	0.29	-0.77	1.26	0.89
	2016	-0.04	0.16	0.50	0.25	0.78	-0.54	0.18	0.90	0.38	-0.04	0.34	0.41	0.50	1.00	-0.84	1.53	1.12
	2017	0.13	0.36	1.09	0.34	0.92	-0.51	0.43	0.87	0.34	-0.67	-0.12	-0.02	0.52	2.22	-0.79	1.85	1.30
杭州	2000	-0.57	-0.61	-0.79	-0.75	-1.23	-0.63	0.68	-0.82	-1.44	-0.04	-0.66	-0.79	-1.08	-1.32	-0.56	-1.33	-1.36
	2001	-0.55	-0.57	-0.75	-0.72	-0.97	-0.58	0.37	-0.76	-0.97	-0.20	-0.08	-0.34	-0.86	-0.75	-0.60	-1.27	-1.27
	2002	-0.54	-0.54	-0.72	-0.69	-0.48	-0.57	0.54	-0.66	-0.73	-0.01	0.17	-0.21	-0.52	-0.55	-0.58	-1.22	-1.21
	2003	-0.53	-0.48	-0.68	-0.65	0.16	-0.62	-0.39	-0.60	-0.37	-2.86	0.18	-0.33	-0.06	-0.20	-0.46	-1.16	-1.12
	2004	-0.53	-0.41	-0.66	-0.61	0.32	-0.60	0.66	-0.81	-0.32	0.69	-0.76	-0.86	0.02	-0.48	-0.36	-1.06	-1.02
	2005	-0.51	-0.35	-0.66	-0.57	0.31	-0.59	0.50	-0.61	-0.26	0.02	0.35	0.00	0.05	-0.81	-0.31	-0.95	-0.87
	2006	-0.50	-0.43	-0.63	-0.54	0.39	-0.52	0.66	-0.42	-0.28	0.05	0.36	0.00	0.07	-0.83	-0.20	-0.83	-0.75
	2007	-0.47	-0.28	-0.57	-0.49	0.70	-0.47	1.16	-0.30	-0.28	0.05	0.23	-0.12	0.17	-0.75	-0.27	-0.68	-0.68
	2008	-0.50	-0.35	-0.45	-0.42	0.78	-0.39	1.03	-0.14	-0.17	0.06	0.48	0.04	0.27	-0.30	-0.33	-0.52	-0.51
	2009	-0.43	-0.22	-0.41	-0.32	1.88	-0.31	1.25	0.45	0.28	0.07	1.74	2.93	0.98	-0.24	-0.53	-0.36	-0.36
	2010	-0.33	0.07	-0.29	-0.22	1.81	-0.25	0.95	0.46	0.34	0.05	0.49	-0.07	1.01	0.00	-0.45	-0.17	-0.19

续表

城市	年份	y1	y2	y3	y4	y5	y6	y7	y8	y9	y10	y11	y12	y13	y14	y15	y16	y17
杭州	2011	-0.31	0.22	-0.27	-0.18	1.41	-0.20	1.10	0.58	0.06	0.04	0.55	0.20	0.68	-0.35	-0.42	0.08	0.07
	2012	-0.28	0.30	-0.17	-0.12	1.30	-0.11	0.69	0.44	0.01	0.10	-0.57	-0.52	0.61	-0.20	-0.53	0.29	0.16
	2013	-0.13	0.36	-0.08	-0.06	1.28	-0.08	0.85	0.55	0.07	0.01	0.16	0.49	0.66	-0.06	-0.55	0.59	0.78
	2014	-0.01	0.47	0.04	0.02	1.31	-0.04	0.78	0.28	0.09	0.09	-1.14	-1.09	0.68	0.07	-0.58	0.83	0.97
	2015	0.16	0.60	0.19	0.25	1.32	0.06	0.14	0.22	0.58	-0.51	-0.60	-0.39	0.93	0.28	-0.65	1.15	1.23
	2016	0.46	0.86	0.59	0.37	1.30	0.18	0.18	0.02	0.55	0.50	-0.88	-0.79	0.91	1.02	-0.71	1.41	1.43
	2017	0.67	1.01	0.91	0.48	1.49	0.14	0.33	-0.07	0.47	-0.40	-0.66	-0.53	0.86	1.41	-0.72	1.69	1.68
济南	2000	-1.02	-1.14	-0.83	-0.76	-1.43	-0.77	0.74	-1.30	-1.19	-0.01	-0.39	-0.34	-1.27	-1.80	-1.15	-1.45	-1.49
	2001	-0.97	-1.14	-0.81	-0.75	-1.22	-0.76	0.97	-1.04	-1.13	0.03	0.00	0.16	-1.18	-1.57	-1.16	-1.40	-1.45
	2002	-0.94	-1.13	-0.80	-0.73	0.01	-0.75	2.13	-0.92	-0.76	0.07	0.09	-0.22	-0.51	-1.41	-1.17	-1.33	-1.36
	2003	-0.93	-1.13	-0.76	-0.72	0.19	-0.72	1.94	-0.93	-0.62	0.22	-0.29	-0.58	-0.36	-0.72	-1.15	-1.28	-1.31
	2004	-0.93	-1.13	-0.75	-0.69	0.04	-0.73	1.44	-0.85	-0.55	-0.01	0.14	-0.38	-0.34	-0.82	-1.11	-1.21	-1.28
	2005	-0.93	-1.11	-0.75	-0.68	0.04	-0.73	1.36	-0.96	-0.53	-0.03	-0.69	-0.82	-0.36	-1.00	-1.10	-1.11	-1.20
	2006	-0.89	-1.11	-0.71	-0.66	0.01	-0.60	1.40	-0.88	-0.56	1.31	-0.11	-0.38	-0.38	-0.80	-1.10	-1.01	-1.08
	2007	-0.89	-0.87	-0.68	-0.66	-0.57	-0.57	1.12	-0.72	-0.84	0.25	-0.01	-0.14	-0.75	-0.72	-1.05	-0.86	-0.95
	2008	-0.89	-0.82	-0.59	-0.62	-0.84	-0.53	0.43	-0.74	-0.78	0.25	-0.45	-0.52	-0.81	-0.19	-1.04	-0.70	-0.81
	2009	-0.86	-0.79	-0.59	-0.57	0.25	-0.41	1.04	-0.42	-0.51	0.43	0.85	0.60	-0.27	-0.45	-1.13	-0.58	-0.73
	2010	-0.85	-0.79	-0.52	-0.53	0.11	-0.40	0.62	-0.37	-0.49	0.17	-0.14	-0.25	-0.28	-0.23	-1.11	-0.42	-0.61

续表

城市	年份	y1	y2	y3	y4	y5	y6	y7	y8	y9	y10	y11	y12	y13	y14	y15	y16	y17
济南	2011	-0.79	-0.75	-0.55	-0.50	0.16	-0.41	1.53	-0.33	-0.52	-0.05	-0.09	-0.26	-0.31	-0.74	-1.07	-0.20	-0.43
	2012	-0.74	-0.73	-0.52	-0.44	0.11	-0.39	0.86	-0.02	-0.33	0.09	0.98	0.97	-0.20	-0.74	-1.11	0.02	-0.03
	2013	-0.72	-0.73	-0.47	-0.40	0.03	-0.38	0.63	0.06	-0.29	0.06	0.12	0.07	-0.20	-0.60	-1.12	0.22	-0.07
	2014	-0.64	-0.76	-0.41	-0.36	-0.04	-0.30	0.55	0.23	-0.30	0.45	0.62	0.41	-0.23	-0.50	-1.12	0.43	-0.14
	2015	-0.60	-0.72	-0.24	-0.30	0.26	-0.23	0.59	0.56	-0.14	0.39	1.52	1.97	0.06	0.22	-1.15	0.52	0.35
	2016	-0.56	-0.70	0.11	-0.23	0.59	0.00	0.63	0.71	0.05	0.68	0.39	0.71	0.21	1.66	-1.13	0.71	0.56
	2017	-0.50	-0.69	0.21	-0.19	0.80	0.04	0.81	0.64	-0.04	0.08	-0.30	-0.26	0.22	1.64	-1.14	0.94	0.77
沈阳	2000	-0.74	-0.81	-0.80	-0.74	-1.23	-0.67	0.44	-0.59	-0.87	-0.17	0.44	0.23	-1.17	-1.07	-1.05	-1.45	-1.45
	2001	-0.74	-0.81	-0.78	-0.74	-1.00	-0.70	0.38	-0.95	-0.84	0.06	-1.90	-1.80	-0.91	-0.88	-1.06	-1.42	-1.42
	2002	-0.63	-0.79	-0.74	-0.72	-0.82	-0.69	0.39	-1.07	-0.73	0.00	-0.97	-0.94	-0.78	-0.15	-1.09	-1.38	-1.37
	2003	-0.55	-0.79	-0.73	-0.71	-0.56	-0.71	0.35	-1.29	-0.64	0.04	-1.38	-1.24	-0.53	-0.21	-1.02	-1.32	-1.31
	2004	-0.67	-0.78	-0.69	-0.69	-0.99	-0.58	-0.08	-1.49	-0.75	-0.36	-1.17	-1.11	-0.78	0.02	-1.01	-1.25	-1.25
	2005	-0.68	-0.76	-0.71	-0.67	-1.46	-0.57	-0.98	-1.76	-0.69	0.00	-1.61	-1.35	-0.98	-0.75	-1.08	-1.17	-1.17
	2006	-0.62	-0.70	-0.71	-0.65	-1.68	-0.58	-0.98	-1.48	-0.86	0.07	0.16	-0.29	-1.15	-1.10	-1.09	-1.07	-1.09
	2007	-0.62	-0.66	-0.68	-0.63	-2.04	-0.57	-1.39	-1.11	-1.01	-0.09	0.61	-0.11	-1.37	-1.17	-1.11	-0.88	-0.86
	2008	-0.63	-0.63	-0.62	-0.61	-2.04	-0.55	-1.20	-1.19	-1.07	0.19	-0.54	-0.77	-1.42	-0.96	-1.11	-0.72	-0.55
	2009	-0.64	-0.60	-0.55	-0.55	-1.26	-0.57	-0.03	-1.09	-0.88	0.12	0.15	-0.34	-1.02	-0.70	-1.15	-0.62	-0.42
	2010	-0.62	-0.57	-0.55	-0.50	-1.26	-0.56	-0.22	-1.14	-0.82	-0.13	-0.52	-0.72	-0.99	-1.05	-1.14	-0.47	-0.32

续表

城市	年份	y1	y2	y3	y4	y5	y6	y7	y8	y9	y10	y11	y12	y13	y14	y15	y16	y17
沈阳	2011	-0.62	-0.52	-0.51	-0.47	-1.30	-0.51	0.12	-1.06	-0.96	0.09	0.01	-0.45	-1.04	-1.11	-1.12	-0.27	-0.18
	2012	-0.61	-0.51	-0.46	-0.42	-1.22	-0.52	0.08	-1.06	-0.89	-0.07	-0.34	-0.60	-1.02	-1.07	-1.11	-0.05	0.01
	2013	-0.61	-0.48	-0.45	-0.38	-0.93	-0.47	0.20	-0.86	-0.74	0.04	1.87	2.10	-0.81	-1.05	-1.09	0.13	0.23
	2014	-0.50	-0.45	-0.27	-0.34	-0.69	-0.45	0.48	-0.70	-0.69	0.40	0.93	0.63	-0.70	-0.35	-1.08	0.32	0.43
	2015	-0.36	-0.43	-0.22	-0.29	-0.36	-0.42	0.49	-0.48	-0.48	-0.08	0.84	2.78	-0.46	-0.20	-1.11	0.58	0.61
	2016	-0.28	-0.41	-0.01	-0.27	1.31	-0.39	0.96	-0.27	0.33	-0.02	0.51	-0.64	0.64	1.82	-1.10	0.74	0.77
	2017	-0.31	-0.40	0.18	-0.22	1.47	-0.31	0.57	-0.21	0.45	-0.16	-0.11	0.11	0.74	2.61	-1.08	0.90	1.00
厦门	2000	-1.00	-0.96	-0.83	-0.79	-3.00	-0.85	0.53	-0.57	-1.47	0.06	-0.66	-0.81	-2.11	-1.18	0.64	-1.02	-1.03
	2001	-0.99	-0.95	-0.82	-0.78	-2.28	-0.85	0.20	-0.79	-1.40	-0.27	-1.24	-1.16	-1.80	-0.86	0.62	-0.98	-0.97
	2002	-0.99	-0.95	-0.82	-0.78	-1.75	-0.86	-0.42	-0.85	-1.26	-0.04	-0.15	-0.66	-1.33	-0.74	0.97	-0.95	-0.97
	2003	-0.98	-0.95	-0.81	-0.77	-1.32	-0.85	-0.33	-1.00	-1.20	0.05	-0.69	-0.88	-1.08	-0.74	1.08	-0.86	-0.86
	2004	-0.98	-0.96	-0.80	-0.76	-1.37	-0.85	0.32	-1.19	-1.05	-0.02	-0.96	-1.00	-1.18	-0.96	1.30	-0.75	-0.72
	2005	-0.98	-0.96	-0.80	-0.74	-1.29	-0.85	-0.26	-1.19	-0.83	0.03	-0.52	-0.65	-1.00	-0.96	1.41	-0.60	-0.60
	2006	-0.98	-0.96	-0.78	-0.73	-0.85	-0.86	0.29	-0.90	-0.72	-0.02	0.14	0.06	-0.78	-0.92	1.37	-0.44	-0.34
	2007	-0.97	-0.96	-0.76	-0.71	-0.54	-0.84	0.85	-0.62	-0.70	0.06	0.19	0.04	-0.67	-0.73	1.41	-0.22	-0.09
	2008	-0.95	-0.92	-0.73	-0.70	-0.68	-0.83	0.83	-0.38	-0.78	-0.03	0.22	0.19	-0.76	-0.45	1.40	-0.03	-0.01
	2009	-0.89	-0.92	-0.70	-0.68	-0.12	-0.83	0.75	-0.36	-0.42	0.02	-0.14	-0.26	-0.34	-0.07	1.08	0.13	0.09
	2010	-0.84	-0.82	-0.64	-0.64	-0.05	-0.82	0.41	-0.49	-0.25	0.02	-0.22	-0.64	-0.20	0.26	1.34	0.36	0.31

续表

城市	年份	y1	y2	y3	y4	y5	y6	y7	y8	y9	y10	y11	y12	y13	y14	y15	y16	y17
厦门	2011	-0.80	-0.78	-0.63	-0.62	-0.16	-0.80	0.88	-0.37	-0.49	0.04	0.40	-0.19	-0.40	-0.20	1.33	0.69	0.57
	2012	-0.78	-0.76	-0.60	-0.60	0.07	-0.77	1.34	-0.20	-0.51	0.06	0.11	0.22	-0.33	-0.14	1.21	0.99	0.86
	2013	-0.75	-0.75	-0.55	-0.57	0.36	-0.77	1.20	-0.10	-0.30	0.01	0.09	0.26	-0.09	0.21	1.35	1.27	1.07
	2014	-0.67	-0.72	-0.49	-0.54	0.56	-0.69	1.39	0.18	-0.26	0.44	0.66	0.90	0.00	0.46	1.12	1.14	1.13
	2015	-0.60	-0.69	-0.45	-0.48	0.91	-0.65	0.70	0.56	0.20	0.23	2.03	2.16	0.43	0.64	0.98	1.37	1.30
	2016	-0.55	-0.63	-0.41	-0.44	1.11	-0.63	0.92	0.58	0.23	0.16	-0.22	0.06	0.52	0.70	0.63	1.64	1.52
	2017	-0.52	-0.55	-0.30	-0.41	1.12	-0.60	1.23	0.73	0.12	0.08	0.68	0.40	0.46	1.04	0.61	1.92	1.65

附录 B

PCSE 面板数据

城市	年份	fi	lnrjgdp	lnind	gov	rnd	open	emp	teri
北京	2000	-0.03	10.11	6.95	13.80	35.15	87.69	45.42	65.10
	2001	0.13	10.22	7.05	14.80	30.61	77.32	45.40	67.40
	2002	0.21	10.35	7.14	14.30	34.94	67.60	47.72	69.50
	2003	0.27	10.48	7.31	14.40	34.87	75.85	48.29	69.00
	2004	0.28	10.64	7.53	14.60	35.28	86.76	57.22	68.30
	2005	0.43	10.76	7.62	14.80	35.86	98.15	57.09	70.10
	2006	0.47	10.88	7.70	15.60	33.39	103.36	57.45	72.30
	2007	0.49	11.03	7.84	16.40	31.95	99.25	56.25	73.90
	2008	0.60	11.10	7.88	17.20	31.65	112.62	55.39	75.80
	2009	0.72	11.13	7.96	18.70	28.83	80.56	53.67	76.10
	2010	0.93	11.23	8.13	18.80	30.24	96.08	52.58	75.70
	2011	1.07	11.33	8.23	19.50	28.86	102.68	52.99	76.60
	2012	1.23	11.41	8.31	20.10	28.85	95.33	53.51	77.10
	2013	1.30	11.48	8.39	20.50	28.39	88.94	53.95	77.60
	2014	1.45	11.54	8.45	20.60	28.04	79.06	53.76	78.00
	2015	1.84	11.60	8.45	24.20	24.12	57.61	54.65	79.70
	2016	1.98	11.68	8.51	25.00	23.17	50.25	56.15	80.20
	2017	2.10	11.77	8.58	24.40	23.15	54.39	57.44	80.60
上海	2000	0.11	10.32	7.70	13.10	12.32	65.10	51.50	52.00
	2001	-0.10	10.38	7.79	13.90	12.13	66.76	45.09	52.30
	2002	0.14	10.44	7.87	15.30	11.66	72.18	46.24	52.80
	2003	0.17	10.57	8.08	16.50	11.69	94.90	46.04	50.70
	2004	0.22	10.72	8.27	17.30	12.20	111.30	45.61	50.60

续表

城市	年份	fi	ln rjgdp	ln ind	gov	rnd	open	emp	teri
上海	2005	0.17	10.83	8.39	18.00	12.88	111.62	45.67	51.50
	2006	0.29	10.93	8.52	17.20	14.27	115.56	45.08	51.90
	2007	0.40	11.05	8.63	17.60	13.97	115.81	49.64	54.40
	2008	0.46	11.13	8.72	18.60	13.84	107.03	49.20	55.70
	2009	0.71	11.16	8.71	19.90	14.16	85.03	48.16	59.10
	2010	0.72	11.26	8.89	19.20	14.58	97.75	47.37	57.00
	2011	0.81	11.34	8.99	20.40	15.27	98.64	47.04	57.70
	2012	0.89	11.37	8.98	20.70	16.24	91.75	46.86	60.20
	2013	1.00	11.44	8.99	20.80	17.15	84.14	56.68	62.80
	2014	1.19	11.51	9.02	22.00	16.63	81.65	56.30	64.40
	2015	1.57	11.57	9.00	24.60	15.12	75.25	56.37	67.30
	2016	1.62	11.67	9.04	24.60	15.17	70.19	56.42	69.80
	2017	1.75	11.75	9.13	25.00	15.97	71.83	56.76	69.20
深圳	2000	0.04	10.41	6.99	10.30	33.71	216.19	67.73	49.30
	2001	0.04	10.47	7.11	10.20	36.86	198.24	67.81	49.50
	2002	0.05	10.62	7.29	10.40	36.44	218.09	68.27	49.80
	2003	0.02	10.77	7.51	9.70	37.77	228.46	68.86	48.60
	2004	0.05	10.92	7.70	8.80	41.44	241.03	70.20	47.70
	2005	−0.13	11.03	7.88	12.10	32.91	205.06	69.62	46.00
	2006	−0.01	11.15	8.03	9.80	42.05	220.40	70.00	46.80
	2007	0.17	11.26	8.14	10.70	41.42	217.55	70.93	49.20
	2008	0.14	11.35	8.26	11.40	41.87	181.11	71.50	49.80
	2009	0.30	11.37	8.25	12.20	27.95	152.48	72.72	52.70
	2010	0.36	11.50	8.42	13.20	26.33	165.77	73.09	52.50
	2011	0.39	11.64	8.58	13.80	26.16	157.19	72.43	52.40
	2012	0.50	11.75	8.65	12.10	31.13	153.89	72.49	54.50
	2013	0.63	11.86	8.75	11.70	34.58	150.22	72.56	55.50

续表

城市	年份	*fi*	ln*rjgdp*	ln*ind*	*gov*	*rnd*	*open*	*emp*	*teri*
深圳	2014	1.12	11.94	8.88	13.20	29.55	123.21	83.46	56.10
	2015	0.80	12.00	8.95	19.50	20.80	103.63	79.63	57.40
	2016	0.94	12.06	9.03	21.00	20.02	89.38	77.79	58.60
	2017	0.98	12.12	9.14	20.40	21.27	84.35	75.29	58.50
广州	2000	−0.40	10.16	6.94	10.32	12.59	55.12	51.02	55.12
	2001	−0.41	10.26	7.02	11.02	13.22	47.72	50.51	57.31
	2002	−0.41	10.39	7.11	10.86	14.27	50.14	51.18	58.82
	2003	−0.34	10.56	7.31	10.46	13.46	53.30	53.23	57.41
	2004	−0.37	10.74	7.50	9.98	12.74	57.14	55.77	57.06
	2005	−0.32	10.90	7.63	9.18	15.30	58.16	59.97	57.65
	2006	−0.31	11.05	7.81	9.13	21.88	57.07	61.60	57.59
	2007	−0.24	11.16	7.96	11.80	25.38	53.32	60.85	58.12
	2008	−0.20	11.25	8.10	11.93	28.50	46.70	60.22	58.80
	2009	−0.10	11.29	8.15	11.47	19.45	39.04	59.00	60.59
	2010	−0.06	11.39	8.31	13.69	15.97	44.32	57.86	60.77
	2011	0.01	11.50	8.45	14.28	15.69	40.89	58.38	61.26
	2012	0.09	11.58	8.48	13.12	17.59	37.01	58.72	63.29
	2013	0.15	11.71	8.59	14.58	14.51	32.24	58.99	64.42
	2014	0.25	11.77	8.65	14.95	15.02	32.54	60.36	64.92
	2015	0.33	11.83	8.68	14.42	15.89	31.22	61.02	66.80
	2016	0.47	11.88	8.68	14.38	16.09	29.83	60.65	69.02
	2017	0.50	11.92	8.70	16.21	14.63	30.90	60.43	71.02
天津	2000	−0.80	9.76	6.76	10.99	10.98	60.21	48.63	44.90
	2001	−0.63	9.86	6.87	12.23	10.21	57.30	48.64	45.90
	2002	−0.60	9.97	6.97	12.33	11.00	63.88	48.91	46.40
	2003	−0.55	10.15	7.20	12.11	12.09	65.14	50.52	44.60
	2004	−0.52	10.34	7.44	11.94	17.00	76.60	51.56	42.28

续表

城市	年份	fi	lnrjgdp	lnind	gov	rnd	open	emp	teri
天津	2005	-0.54	10.55	7.68	11.20	21.19	76.77	52.02	42.29
	2006	-0.52	10.66	7.82	12.02	23.18	79.00	52.36	42.44
	2007	-0.42	10.79	7.99	12.68	26.37	71.28	55.06	42.66
	2008	-0.44	10.99	8.24	12.75	28.62	57.76	55.04	42.79
	2009	-0.33	11.06	8.31	14.76	22.09	41.21	55.13	45.09
	2010	-0.31	11.21	8.50	14.74	7.82	42.63	56.08	45.80
	2011	-0.32	11.37	8.71	15.67	16.58	41.60	56.34	45.91
	2012	-0.15	11.46	8.83	16.38	14.30	39.88	56.83	46.70
	2013	-0.22	11.53	8.92	17.39	16.79	38.85	57.56	48.05
	2014	-0.12	11.58	8.98	18.07	16.10	37.03	57.83	49.31
	2015	-0.01	11.60	8.98	19.25	15.78	31.09	57.97	51.89
	2016	0.02	11.65	8.93	20.74	14.52	26.94	57.77	56.71
	2017	0.14	11.69	8.94	17.70	13.97	28.92	57.48	58.15
南京	2000	-0.54	9.77	6.20	9.10	16.79	49.26	43.39	48.82
	2001	-0.45	9.87	6.30	9.30	17.12	45.58	42.44	50.22
	2002	-0.45	9.98	6.41	9.61	21.88	43.51	42.10	51.17
	2003	-0.41	10.16	6.69	9.18	23.88	51.98	42.88	48.44
	2004	-0.56	10.35	6.92	9.18	26.53	58.38	45.91	47.77
	2005	-0.46	10.49	7.10	9.34	27.69	61.76	45.91	46.92
	2006	-0.42	10.59	7.23	9.19	29.38	60.76	47.16	47.94
	2007	-0.34	10.73	7.40	10.14	24.96	56.27	63.11	48.42
	2008	-0.22	10.84	7.49	10.49	24.71	50.52	49.36	50.33
	2009	-0.19	10.93	7.58	10.76	23.09	37.41	52.86	51.26
	2010	-0.16	11.08	7.77	10.44	23.06	41.14	57.16	51.80
	2011	-0.12	11.25	7.94	10.69	24.56	41.19	57.76	52.31
	2012	-0.04	11.40	8.08	10.53	25.51	33.26	58.57	53.26
	2013	-0.01	11.51	8.17	10.38	25.20	29.32	58.77	54.60

续表

城市	年份	fi	lnrjgdp	lnind	gov	rnd	open	emp	teri
南京	2014	0.07	11.60	8.22	10.29	25.62	27.14	59.51	56.34
	2015	0.21	11.69	8.29	10.60	21.81	23.31	59.63	57.25
	2016	0.28	11.77	8.34	11.01	20.29	21.75	60.70	58.32
	2017	0.37	11.85	8.40	11.56	18.86	24.41	61.55	59.73
杭州	2000	−0.65	9.85	6.56	5.31	21.52	43.03	55.81	41.18
	2001	−0.55	9.96	6.68	6.69	23.68	40.98	55.82	42.28
	2002	−0.49	10.08	6.80	7.91	26.59	41.74	58.88	42.95
	2003	−0.26	10.23	6.98	7.79	35.55	49.65	59.59	42.74
	2004	−0.44	10.41	7.18	7.69	37.72	55.12	62.30	42.97
	2005	−0.33	10.55	7.31	8.10	37.95	57.46	62.65	44.20
	2006	−0.30	10.69	7.45	8.00	34.88	62.29	65.64	45.31
	2007	−0.27	10.85	7.62	8.18	34.48	55.82	66.79	46.17
	2008	−0.21	10.98	7.77	8.76	32.26	48.46	69.96	46.70
	2009	0.03	11.03	7.77	9.59	31.82	38.09	72.26	49.99
	2010	0.03	11.16	7.94	10.34	28.66	41.58	73.52	49.24
	2011	0.05	11.30	8.10	10.62	27.07	40.91	73.13	50.02
	2012	0.05	11.40	8.16	10.04	29.00	34.74	73.48	52.06
	2013	0.18	11.46	8.18	10.19	29.07	33.55	73.73	54.33
	2014	0.17	11.55	8.25	10.44	28.51	31.90	73.85	55.25
	2015	0.36	11.63	8.27	11.99	25.07	29.19	74.04	58.24
	2016	0.41	11.73	8.32	12.41	24.66	28.23	74.37	60.89
	2017	0.53	11.81	8.38	12.23	25.75	28.21	73.01	62.92
济南	2000	−0.80	9.66	6.03	5.80	21.93	9.13	57.79	45.90
	2001	−0.75	9.76	6.08	6.65	19.89	8.54	57.59	49.30
	2002	−0.70	9.87	6.22	6.51	20.64	7.80	57.41	49.44
	2003	−0.68	9.99	6.38	6.54	20.35	8.54	57.09	48.71
	2004	−0.63	10.14	6.58	6.35	19.67	10.94	56.87	47.35

城市	年份	fi	lnrjgdp	lnind	gov	rnd	open	emp	teri
	2005	−0.63	10.27	6.74	6.54	20.15	11.74	56.35	46.82
	2006	−0.64	10.42	6.90	6.80	23.09	11.37	56.04	47.16
	2007	−0.58	10.55	7.03	7.20	23.38	13.28	55.81	48.84
	2008	−0.55	10.73	7.18	7.36	23.43	13.12	55.67	50.51
	2009	−0.42	10.82	7.27	7.78	22.18	8.44	55.95	51.49
	2010	−0.40	10.97	7.40	8.61	20.18	9.25	55.38	52.62
济南	2011	−0.40	11.07	7.51	9.01	24.07	10.80	54.80	53.09
	2012	−0.25	11.15	7.57	9.69	21.25	8.60	54.83	54.39
	2013	−0.25	11.23	7.65	9.93	21.40	8.14	54.82	54.65
	2014	−0.22	11.32	7.72	9.90	21.10	8.01	54.84	55.78
	2015	−0.06	11.36	7.74	10.79	20.22	6.79	54.75	57.18
	2016	−0.02	11.42	7.77	11.34	21.14	8.00	54.98	58.90
	2017	0.00	11.50	7.85	11.58	22.20	7.70	55.71	59.92
	2000	−0.63	9.61	6.03	8.38	12.41	15.81	52.51	54.00
	2001	−0.71	9.70	6.10	8.52	13.00	15.21	51.84	55.20
	2002	−0.65	9.81	6.21	8.72	13.84	14.87	50.48	56.00
	2003	−0.63	9.93	6.39	9.30	15.74	19.84	48.40	54.30
	2004	−0.63	10.10	6.61	9.58	17.47	19.97	50.34	52.30
	2005	−0.64	10.25	6.83	10.29	18.34	14.70	50.69	50.20
	2006	−0.58	10.43	7.06	10.54	18.60	14.23	51.23	49.20
	2007	−0.52	10.62	7.33	10.72	19.14	13.76	50.32	47.40
沈阳	2008	−0.55	10.79	7.55	10.74	20.65	12.39	50.19	46.00
	2009	−0.50	10.90	7.68	11.11	21.01	9.87	50.00	45.50
	2010	−0.48	11.04	7.85	10.26	20.48	9.33	51.20	45.10
	2011	−0.46	11.20	8.04	10.78	21.99	9.75	51.53	44.30
	2012	−0.42	11.29	8.15	11.62	18.46	10.03	51.95	44.40
	2013	−0.26	11.31	8.16	13.03	16.10	10.57	51.94	45.10

城市	年份	fi	lnrjgdp	lnind	gov	rnd	open	emp	teri
沈阳	2014	−0.27	11.36	8.19	12.87	15.07	10.45	52.30	45.80
	2015	−0.11	11.38	8.17	11.12	15.48	9.01	52.23	47.90
	2016	−0.02	11.11	7.67	14.94	16.83	10.12	52.46	56.60
	2017	0.08	11.15	7.69	14.78	16.39	11.25	52.57	57.80
厦门	2000	−0.72	10.11	5.54	11.75	16.96	115.71	45.75	45.20
	2001	−0.67	10.18	5.65	13.31	14.80	114.60	42.97	45.30
	2002	−0.56	10.27	5.84	12.68	14.60	132.27	41.80	43.40
	2003	−0.54	10.37	6.04	11.88	14.96	138.62	43.22	42.10
	2004	−0.56	10.48	6.22	11.32	15.75	151.15	44.90	41.70
	2005	−0.47	10.55	6.33	12.50	16.50	156.54	47.39	42.70
	2006	−0.40	10.65	6.44	13.38	17.28	149.99	49.49	45.70
	2007	−0.37	10.78	6.58	14.01	17.62	145.71	50.14	48.10
	2008	−0.35	10.85	6.67	14.62	16.80	133.06	43.92	50.40
	2009	−0.30	10.89	6.73	15.23	16.79	115.19	44.77	51.00
	2010	−0.23	11.02	6.96	14.67	16.61	125.87	49.27	48.60
	2011	−0.21	11.19	7.20	15.05	17.70	119.34	56.32	47.30
	2012	−0.17	11.27	7.25	16.13	17.08	111.38	59.19	49.90
	2013	−0.08	11.32	7.28	16.86	16.91	115.50	64.26	51.70
	2014	−0.05	11.39	7.32	16.45	17.56	104.62	64.67	53.90
	2015	0.15	11.43	7.36	18.42	15.88	99.93	65.20	54.90
	2016	0.11	11.51	7.38	19.64	15.51	90.54	65.32	57.80
	2017	0.16	11.61	7.50	18.32	17.86	90.79	66.99	57.80

注：各个变量的单位见第七章。

附录 C

金融发展对经济影响的面板数据

城市	年份	lnrjgdp	fi	Ki	emp	open	rnd
北京	2000	10.11	−0.03	21.21	45.42	87.69	35.15
	2001	10.22	0.13	49.80	45.40	77.32	30.61
	2002	10.35	0.21	56.47	47.72	67.60	34.94
	2003	10.48	0.27	54.60	48.29	75.85	34.87
	2004	10.64	0.28	54.47	57.22	86.76	35.28
	2005	10.76	0.43	41.06	57.09	98.15	35.86
	2006	10.88	0.47	42.84	57.45	103.36	33.39
	2007	11.03	0.49	42.41	56.25	99.25	31.95
	2008	11.10	0.60	36.69	55.39	112.62	31.65
	2009	11.13	0.72	39.98	53.67	80.56	28.83
	2010	11.23	0.93	38.92	52.58	96.08	30.24
	2011	11.33	1.07	36.01	52.99	102.68	28.86
	2012	11.41	1.23	36.15	53.51	95.33	28.85
	2013	11.48	1.30	35.81	53.95	88.94	28.39
	2014	11.54	1.45	35.21	53.76	79.06	28.04
	2015	11.60	1.84	34.50	54.65	57.61	24.12
	2016	11.68	1.98	30.73	56.15	50.25	23.17
	2017	11.77	2.10	29.65	57.44	54.39	23.15
上海	2000	10.32	0.11	39.19	51.50	65.10	12.32
	2001	10.38	−0.10	40.29	45.09	66.76	12.13
	2002	10.44	0.14	40.44	46.24	72.18	11.66
	2003	10.57	0.17	36.37	46.04	94.90	11.69
	2004	10.72	0.22	38.88	45.61	111.30	12.20

续表

城市	年份	lnrjgdp	fi	Ki	emp	open	rnd
上海	2005	10.83	0.17	38.70	45.67	111.62	12.88
	2006	10.93	0.29	37.86	45.08	115.56	14.27
	2007	11.05	0.40	36.58	49.64	115.81	13.97
	2008	11.13	0.46	35.26	49.20	107.03	13.84
	2009	11.16	0.71	35.05	48.16	85.03	14.16
	2010	11.26	0.72	30.98	47.37	97.75	14.58
	2011	11.34	0.81	26.38	47.04	98.64	15.27
	2012	11.37	0.89	26.04	46.86	91.75	16.24
	2013	11.44	1.00	26.13	56.68	84.14	17.15
	2014	11.51	1.19	25.51	56.30	81.65	16.63
	2015	11.57	1.57	25.27	56.37	75.25	15.12
	2016	11.67	1.62	23.96	56.42	70.19	15.17
	2017	11.75	1.75	23.64	56.76	71.83	15.97
深圳	2000	10.41	0.04	32.46	67.73	216.19	33.71
	2001	10.47	0.04	33.09	67.81	198.24	36.86
	2002	10.62	0.05	35.44	68.27	218.09	36.44
	2003	10.77	0.02	30.23	68.86	228.46	37.77
	2004	10.92	0.05	31.92	70.20	241.03	41.44
	2005	11.03	−0.13	23.86	69.62	205.06	32.91
	2006	11.15	−0.01	21.91	70.00	220.40	42.05
	2007	11.26	0.17	19.77	70.93	217.55	41.42
	2008	11.35	0.14	18.80	71.50	181.11	41.87
	2009	11.37	0.30	20.84	72.72	152.48	27.95
	2010	11.50	0.36	20.30	73.09	165.77	26.33
	2011	11.64	0.39	18.57	72.43	157.19	26.16
	2012	11.75	0.50	17.87	72.49	153.89	31.13
	2013	11.86	0.63	17.25	72.56	150.22	34.58

城市	年份	ln$rjgdp$	fi	Ki	emp	$open$	rnd
深圳	2014	11.94	1.12	16.98	83.46	123.21	29.55
	2015	12.00	0.80	18.84	79.63	103.63	20.80
	2016	12.06	0.94	20.92	77.79	89.38	20.02
	2017	12.12	0.98	22.89	75.29	84.35	21.27
广州	2000	10.16	−0.40	35.45	51.02	55.12	12.59
	2001	10.26	−0.41	36.42	50.51	47.72	13.22
	2002	10.39	−0.41	33.62	51.18	50.14	14.27
	2003	10.56	−0.34	31.13	53.23	53.30	13.46
	2004	10.74	−0.37	30.48	55.77	57.14	12.74
	2005	10.90	−0.32	29.47	59.97	58.16	15.30
	2006	11.05	−0.31	27.93	61.60	57.07	21.88
	2007	11.16	−0.24	26.21	60.85	53.32	25.38
	2008	11.25	−0.20	25.63	60.22	46.70	28.50
	2009	11.29	−0.10	29.11	59.00	39.04	19.45
	2010	11.39	−0.06	30.36	57.86	44.32	15.97
	2011	11.50	0.01	27.47	58.38	40.89	15.69
	2012	11.58	0.09	27.73	58.72	37.01	17.59
	2013	11.71	0.15	28.89	58.99	32.24	14.51
	2014	11.77	0.25	29.27	60.36	32.54	15.02
	2015	11.83	0.33	29.87	61.02	31.22	15.89
	2016	11.88	0.47	29.18	60.65	29.83	16.09
	2017	11.92	0.50	27.53	60.43	30.90	14.63
天津	2000	9.76	−0.80	31.44	48.63	60.21	10.98
	2001	9.86	−0.63	33.84	48.64	57.30	10.21
	2002	9.97	−0.60	34.85	48.91	63.88	11.00
	2003	10.15	−0.55	38.15	50.52	65.14	12.09
	2004	10.34	−0.52	29.62	51.56	76.60	17.00

续表

城市	年份	lnrjgdp	fi	Ki	emp	open	rnd
天津	2005	10.55	−0.54	41.02	52.02	76.77	21.19
	2006	10.66	−0.52	42.43	52.36	79.00	23.18
	2007	10.79	−0.42	47.30	55.06	71.28	26.37
	2008	10.99	−0.44	53.57	55.04	57.76	28.62
	2009	11.06	−0.33	66.56	55.13	41.21	22.09
	2010	11.21	−0.31	70.59	56.08	42.63	7.82
	2011	11.37	−0.32	66.18	56.34	41.60	16.58
	2012	11.46	−0.15	68.80	56.83	39.88	14.30
	2013	11.53	−0.22	70.22	57.56	38.85	16.79
	2014	11.58	−0.12	73.93	57.83	37.03	16.10
	2015	11.60	−0.01	78.89	57.97	31.09	15.78
	2016	11.65	0.02	71.32	57.77	26.94	14.52
	2017	11.69	0.14	60.78	57.48	28.92	13.97
南京	2000	9.77	−0.54	35.67	43.39	49.26	16.79
	2001	9.87	−0.45	34.03	42.44	45.58	17.12
	2002	9.98	−0.45	39.07	42.10	43.51	21.88
	2003	10.16	−0.41	50.40	42.88	51.98	23.88
	2004	10.35	−0.56	51.83	45.91	58.38	26.53
	2005	10.49	−0.46	58.18	45.91	61.76	27.69
	2006	10.59	−0.42	58.17	47.16	60.76	29.38
	2007	10.73	−0.34	56.89	63.11	56.27	24.96
	2008	10.84	−0.22	57.06	49.36	50.52	24.71
	2009	10.93	−0.19	62.60	52.86	37.41	23.09
	2010	11.08	−0.16	64.44	57.16	41.14	23.06
	2011	11.25	−0.12	61.14	57.76	41.19	24.56
	2012	11.40	−0.04	65.03	58.57	33.26	25.51
	2013	11.51	−0.01	63.58	58.77	29.32	25.20

城市	年份	lnrjgdp	fi	Ki	emp	open	rnd
南京	2014	11.60	0.07	61.57	59.51	27.14	25.62
	2015	11.69	0.21	55.82	59.63	23.31	21.81
	2016	11.77	0.28	52.69	60.70	21.75	20.29
	2017	11.85	0.37	54.31	61.55	24.41	18.86
杭州	2000	9.85	−0.65	28.23	55.81	43.03	21.52
	2001	9.96	−0.55	29.45	55.82	40.98	23.68
	2002	10.08	−0.49	31.56	58.88	41.74	26.59
	2003	10.23	−0.26	34.14	59.59	49.65	35.55
	2004	10.41	−0.44	34.98	62.30	55.12	37.72
	2005	10.55	−0.33	47.12	62.65	57.46	37.95
	2006	10.69	−0.30	42.44	65.64	62.29	34.88
	2007	10.85	−0.27	41.07	66.79	55.82	34.48
	2008	10.98	−0.21	41.42	69.96	48.46	32.26
	2009	11.03	0.03	45.04	72.26	38.09	31.82
	2010	11.16	0.03	46.28	73.52	41.58	28.66
	2011	11.30	0.05	44.17	73.13	40.91	27.07
	2012	11.40	0.05	47.72	73.48	34.74	29.00
	2013	11.46	0.18	51.10	73.73	33.55	29.07
	2014	11.55	0.17	53.80	73.85	31.90	28.51
	2015	11.63	0.36	55.29	74.04	29.19	25.07
	2016	11.73	0.41	51.64	74.37	28.23	24.66
	2017	11.81	0.53	46.47	73.01	28.21	25.75
济南	2000	9.66	−0.80	23.33	57.79	9.13	21.93
	2001	9.76	−0.75	24.18	57.59	8.54	19.89
	2002	9.87	−0.70	33.70	57.41	7.80	20.64
	2003	9.99	−0.68	31.45	57.09	8.54	20.35
	2004	10.14	−0.63	33.83	56.87	10.94	19.67

续表

城市	年份	lnrjgdp	fi	Ki	emp	open	rnd
济南	2005	10.27	-0.63	45.67	56.35	11.74	20.15
	2006	10.42	-0.64	46.53	56.04	11.37	23.09
	2007	10.55	-0.58	44.94	55.81	13.28	23.38
	2008	10.73	-0.55	46.91	55.67	13.12	23.43
	2009	10.82	-0.42	49.40	55.95	8.44	22.18
	2010	10.97	-0.40	50.82	55.38	9.25	20.18
	2011	11.07	-0.40	43.90	54.80	10.80	24.07
	2012	11.15	-0.25	45.56	54.83	8.60	21.25
	2013	11.23	-0.25	50.44	54.82	8.14	21.40
	2014	11.32	-0.22	53.09	54.84	8.01	21.10
	2015	11.36	-0.06	57.35	54.75	6.79	20.22
	2016	11.42	-0.02	60.81	54.98	8.00	21.14
	2017	11.50	0.00	60.59	55.71	7.70	22.20
沈阳	2000	9.61	-0.63	21.56	52.51	15.81	12.41
	2001	9.70	-0.71	22.93	51.84	15.21	13.00
	2002	9.81	-0.65	26.96	50.48	14.87	13.84
	2003	9.93	-0.63	34.73	48.40	19.84	15.74
	2004	10.10	-0.63	49.34	50.34	19.97	17.47
	2005	10.25	-0.64	65.41	50.69	14.70	18.34
	2006	10.43	-0.58	71.06	51.23	14.23	18.60
	2007	10.62	-0.52	73.32	50.32	13.76	19.14
	2008	10.79	-0.55	77.93	50.19	12.39	20.65
	2009	10.90	-0.50	82.45	50.00	9.87	21.01
	2010	11.04	-0.48	82.49	51.20	9.33	20.48
	2011	11.20	-0.46	77.37	51.53	9.75	21.99
	2012	11.29	-0.42	85.47	51.95	10.03	18.46
	2013	11.31	-0.26	89.18	51.94	10.57	16.10

城市	年份	lnrjgdp	fi	Ki	emp	open	rnd
沈阳	2014	11.36	-0.27	92.47	52.30	10.45	15.07
	2015	11.38	-0.11	73.24	52.23	9.01	15.48
	2016	11.11	-0.02	29.88	52.46	10.12	16.83
	2017	11.15	0.08	25.30	52.57	11.25	16.39
厦门	2000	10.11	-0.72	32.55	45.75	115.71	16.96
	2001	10.18	-0.67	33.00	42.97	114.60	14.80
	2002	10.27	-0.56	38.32	41.80	132.27	14.60
	2003	10.37	-0.54	31.26	43.22	138.62	14.96
	2004	10.48	-0.56	33.60	44.90	151.15	15.75
	2005	10.55	-0.47	39.90	47.39	156.54	16.50
	2006	10.65	-0.40	56.69	49.49	149.99	17.28
	2007	10.78	-0.37	66.84	50.14	145.71	17.62
	2008	10.85	-0.35	59.51	43.92	133.06	16.80
	2009	10.89	-0.30	50.78	44.77	115.19	16.79
	2010	11.02	-0.23	49.03	49.27	125.87	16.61
	2011	11.19	-0.21	44.42	56.32	119.34	17.70
	2012	11.27	-0.17	47.31	59.19	111.38	17.08
	2013	11.32	-0.08	44.31	64.26	115.50	16.91
	2014	11.39	-0.05	47.72	64.67	104.62	17.56
	2015	11.43	0.15	54.46	65.20	99.93	15.88
	2016	11.51	0.11	57.07	65.32	90.54	15.51
	2017	11.61	0.16	54.72	66.99	90.79	17.86

注：各个变量的单位见第九章。

后 记

深化金融供给侧结构性改革是我国当前经济金融工作的重要任务。本书对我国主要城市金融发展水平进行测度，并研究其影响因素，希望对我国金融发展提供理论参考。这样的一个研究方向是在恩师陈昭教授的点拨下开启的。感谢广东外语外贸大学陈昭教授不厌其烦的指导和提出的宝贵意见。感谢广东外语外贸大学的卢德荣师弟帮助寻找数据和分析资料。感谢湖南文理学院经济与管理学院肖小勇院长对本书的内容提出了很多宝贵的建议。

感谢湖南文理学院良好的教学科研环境和氛围，使我能有充裕的时间做一些自己喜欢的方向的研究。

本书是湖南省哲学社会科学基金年度项目青年项目"技术溢出的空间逻辑与全球产业链上中国在位优势区间接力演进机理研究"（17YBQ084）的最终研究成果。感谢应用经济学应用特色学科资助（湘教通〔2018〕469 号）、湖南文理学院优秀出版物出版资助、湖南省社会科学成果评审委员会课题"产业链空间离散、技术转移与大国区间雁阵模式构架"（XSP19YBZ122）资助与湖南文理学院科学研究基金项目重点项目"产业链离散化背景下技术溢出的空间逻辑、适配机制与武陵山片区追赶接力雁阵模式构架"（16ZD01）资助出版。

此外，还要感谢朋友以及同事们的大力支持和帮忙。也要感谢参考文献中的作者们，透过他们的研究，使我对该研究课题有了很好的出发点。感谢我所指导的毕业论文的学生给予的支持。

最后，衷心感谢我的家人和朋友，正是在他们的鼓励和支持下我才得以顺利完成此专著。值本书出版之际，一一致以诚挚的谢意。

路漫漫其修远兮，本书是我们研究金融发展的起点，今后我们还会继续深入。

欧阳秋珍
2019 年 6 月于湖南文理学院校园